课程
一份诗学的提案

邵朝友　杨澄宇 ◎ 著

南京大学出版社

图书在版编目(CIP)数据

课程：一份诗学的提案 / 邵朝友，杨澄宇著． —南京：南京大学出版社，2023.9
ISBN 978-7-305-27238-7

Ⅰ．①课… Ⅱ．①邵…②杨… Ⅲ．①课程－教学理论 Ⅳ．① G423

中国国家版本馆 CIP 数据核字(2023)第 161805 号

出版发行	南京大学出版社		
社　　址	南京市汉口路 22 号	邮　编	210093

书　　名　课程：一份诗学的提案
　　　　　　KECHENG: YIFEN SHIXUE DE TI'AN
著　　者　邵朝友　杨澄宇
责任编辑　余凯莉

照　　排　南京南琳图文制作有限公司
印　　刷　南京爱德印刷有限公司
开　　本　880 mm×1230 mm　1/32　印张 5.625　字数 140 千
版　　次　2023 年 9 月第 1 版　2023 年 9 月第 1 次印刷
ISBN 978-7-305-27238-7
定　　价　58.00 元

网　　址　http://www.njupco.com
官方微博　http://weibo.com/njupco
官方微信　njupress
销售热线　(025) 83594756

＊版权所有，侵权必究
＊凡购买南大版图书，如有印装质量问题，请与所购
　图书销售部门联系调换

前　言

那是十年前的事了,当时我刚刚拿到教育学博士学位,有时应邀"冒充"专家到基层学校去做讲座。有天在车站偶遇高中同学许明成,他正带队春游,旁边跟着一拨眉飞色舞的小朋友。匆匆寒暄几句,互留联系方式就分开了。

后来断断续续听到有关明成教书的消息,大家都说他有点怪,喜欢带学生动手操作、四处走动。不过还好,他任教的课程是科学,不是语文和数学,可以这样上课。半年后电话联系时,听到他兴奋的声音,我预感会发生点什么。见面没多久,就聊起高一化学老师,明成说自己很喜欢化学课,因为试管里那些颜色多样且冒泡的液体让人惊奇。印象特别深刻的一次课堂是氯化氢喷泉实验,那美丽的彩色喷泉到现在还令他记忆犹新!我也想起这个喷泉实验,但远远没有明成那样激动。对我来说,学化学只是为了考大学,每学期前通常至少会预习两个章节,在课上大多时间是找题目做。或许是题目做多了,或许是其他原因,成绩算靠前。因此,平时也就少了点认真听课的样子,只是偶尔参与班级讨论。高中三年对我来说,就是不断做题。如此操作习惯了也就麻木了,没什么特别高兴的事情发生,也从来没有体验过明成说的那种开心。后来毕业了,在工作和生活中,更没有想过怎么去运用所学知识。

如果仅就高中三年的学习情况来看,我不知道该如何评价我和明成谁更成功。但有一点是肯定的,明成用心参与了整个课堂,从中得到喜悦,并把习得的经验应用于自己的工作与生活;而我只是做对了很多题目,碎片化地参与课堂,很少得到愉悦体验。我怅然若失,忍不住想为什么会这样,但也没有得到一个清晰的答案。近年来,由于接触了一些诗学、课程诗学思想,我开始明白个中原因,我想应该从教育的原点去思考我失去了什么。

那么,教育的原点是什么?自有人类以来教育就存在,教育是人类普遍的现象。千百年来,人们一直在试图回答要培养什么样的人,并给出各种各样的答案。当前,世界各国普遍认识到教育不应止于传授知识技能,还需要培育人的情感态度。这种认识源于一个基本假设,即人不仅是理性的,也是感性的。关于此,其实早在古希腊时代,理性(logos)与神话(mythos)的争议就体现了这种思想。

先说理性,柏拉图曾提倡把诗人驱逐出他心目中的理想国,原因在于,他认为诗人最初模拟的只是外物,而外物因为变动不居,不能作真理的依据,外物只是宇宙中永久不变理性的模拟,所以诗人模写出的成品,离真理太远。[1] 这种依赖理性的、对感性不信任的观点垂范后世,使得持"感性-理性"两分的二元论的自然科学成为重大遗产。近代以来,自然科学的巨大成功以及世俗社会的兴起,对"科学理性"的"信仰"席卷人类各个领域,渐渐演变为一种"科学主义",即给予"理性"

---

[1] HAVELOCK E A. Reface to plato[M]. New York: Belknap Press, 1963.

至高不可辩驳的地位,甚至使其成为行事的唯一准则,变成功利主义。教育领域亦概莫能外。当前,学校教育呈现出量化、标准化、结果导向等趋势,学校逐渐成为以工业化与商品化方式传输标准课程的机构——身处其中的学生被打上"消费者"的标签,通过训练、习惯等来让其获得知识。因此,针对教学的所思所为逐渐发生变化,教学被视为追求成本效益、基于证据的系统化实践[1],学业成就的分量远远超过教育意义的分量。更有甚者,教学被变异为灌输,学习者被隐喻为容器,天下学子苦之久矣。

再说感性,它自人类诞生的第一声啼哭而起,具有源初性。长期以来,由于二元论的认知模式被广泛接受,与"理性"相比,感性因其难以受控的特质,长期处于被压抑、被规训的状态。东西方皆是如此。然而,如果我们认为"感性-理性"两分的二元论只是一种认识上的"方便法门",不难看出,感性与理性是杂糅的。第一声啼哭既满溢出感性,也是探索与认知未知世界的开始。回到课程,上文所言种种现象,在一定程度上归因于诞生于管理主义时代、偏好理性与逻辑的泰勒原理(Tyler's Rationale)。为抵制过于"理性"的泰勒原理,寻找新的课程话语,麦克唐纳(J. B. Macdonald)从课程理论与实践的关系着手研究,发现存在三类课程研究者与实践者:第一类人大多关心如何控制学生的学习和行为;第二类人把课程理解为抵制资本主义、种族主义的工具;第三类人反对泰勒原

---

[1] DAVISON A. Myth in the practice of reason: the production of education and productive confusion[M]// LEONARD T, WILLS P(Eds.). Pedagogies of the imagination: mythopoetic curriculum in educational practice. New York: Springer, 2008: 11-30.

理,认同想象力和激情对学生学习的作用。① 麦克唐纳认为第三类人重视诗性智慧(mythopoetic),他们不强调科学与理性,而是意在彰显学校经验中的灵性、神秘、美学、个人和人际。

在这里,"诗性智慧"从感性的巢穴中孕育而出。从具体知识表现形式来看,诗性智慧表现为一种有别于逻辑推理的课程内容——它是人类经验的内隐层面,如人类基本的感情、同理心、想象,以及对生活意义与目的的反省等②。关于诗性智慧的构成,有研究提出,感性、情绪、意象、梦想、幻想、直觉、欲望、热情和创造等,是人类经验的重要特质,应该成为儿童学习的课程。③ 为更完整地发展学生,自然需要把诗性智慧作为课程教学的应有之义。目前,有不少课程实践就体现了诗性智慧。如在一个语言学科的案例中④,教师从嗅觉(taste)、触觉(touch)、视觉(see)、味觉(smell)、听觉(hear)、超越(transcend)、感受(feel)七个方面谱写了相关歌词来激发学生的想象力和体验。针对触觉和超越,分别配置了如下歌词,要求学生选择或写下阅读后的反应:

---

① MACDONALD J B. Theory, practice and the hermeneutic circle [J]. Journal of curriculum theorizing, 1981, 3(2): 130-138.

② KESSON K R. Toward a curriculum of mythopoetic meaning [M]// HENDERSON J G, KESSON K R (Eds.). Understanding democratic curriculum leadership. New York: Teachers College Press, 1999: 1-105.

③ KESSON K R. Toward a curriculum of mythopoetic meaning [M]// HENDERSON J G, KESSON K R (Eds.). Understanding democratic curriculum leadership. New York: Teachers College Press, 1999: 1-105.

④ HAGGERSON N L. Expanding curriculum research and understanding: A mytho-poetic perspective[M]. New York: Peter Lang, 2000.

触觉:触摸我的手/感觉我的心跳(Touch my hand/Feel my heart)。

超越:想象与天使一起跳舞的快乐(Imagine the joy of dance with an Angel)。

反应:惊奇,满足,刺激,崇高感,其他。

在该案例中,教师考虑了不同学生的差异,通过文字形式激发他们各自的美感体验。这种体验不仅可以发生于语言与艺术学科,还可以发生于其他任何学科。例如,一位科学教师在课堂教学中用故事来激发学生的美感体验[①]:

教师钱德勒(G. Chandler)试图在课堂上应用蒙台梭利(M. Montessori)的思想。在开学第一节课,她向学生分享了一个故事:"在恒古时期,天地宇宙之间没有任何东西,除了广阔空间,没有开始,没有结束,只有黑暗和冰冷。如果来到这样的地方,你呼出的气将会结冰。如此冰冷,如此黑暗,以至于伸手不见五指。在冰冷与黑暗中,有原子、微粒、云层,许多球状气体旋转快速地冲入太空。移动过程中,这些球状气体聚集起来,然后爆炸。一个四处发射光芒的热气球填满了空洞的黑暗,如此之热让你无法仰视,宁愿选择看看最后的灰烬。很快地,出现了

---

① DAVISON A. Myth in the practice of reason: the production of education and productive confusion[M]// LEONARD T, WILLS P(Eds.). Pedagogies of the imagination: mythopoetic curriculum in educational practice. New York: Springer, 2008: 11-30.

银河系,那些星星如此遥远,以至于即便它们发出的光以约 3×10^8 m/s 的速度前进,也要历经万年才能到达地球。在这无限的虚空中,太阳只不过是其中一个发光的亮点,它馈赠太阳系以能量和物质。我们的地球曾是个红色热球,如今地壳还在激烈地运动,根据重力规律,那些轻的物质浮到地球上层,那些重的物质沉入地心……"

讲完故事,钱德勒要求学生自我核查用于记录故事中留下深刻印象内容的6个表格,同时她还准备了20个需动手操作的实验,学生将用这些实验来重述故事中的重要内容。例如,为了说明地球上的重力作用和矿物质的分层分布,学生可在试管中注入蜜、水、油,然后把试管倒置,观察这3种物质的排布会发生什么现象。可以看出,该教师通过故事展开诠释,激发学生的探究兴趣,引导学生思考故事中隐藏的意义,使学生获得新的理解或审美体验。

这是一个实践课程诗学的典型案例。那么,课程为什么是诗性的?课程的诗性本质在哪里?如何落实或实践课程诗性?这是课程诗学的基本问题。围绕这三个问题,本书开辟了五章内容。第一章先论述了诗学的内涵,然后从课程史角度着重论述了课程为何具有诗学维度,接着阐释了课程诗学的意义、内涵与实践路径。第二章围绕诗学的基石美感经验,从课程困境、选择与确定、常见类型、课程价值四个方面进行剖析。为落实美感经验,第三章从诗性教学出发,引出基于观念的教学,建构相关框架与环节,进而以一个实践案例做出解释。为了更好地描述与评价基于诗性的教学,极有必要具体化美感经验。因此,第四章提出美感经验的分析框架,探讨美感经验评鉴的意蕴与策略,并通过案例研究对其进行寻找与分析。第五章主要回答学校和教师该如何回应课程诗学的挑战,重点指出学校和教师该采取哪些行动以推进课程诗学建设。值得一提的是,附录部分提供了探索性案例研究。在后记部分,本书做了回顾与反思,并提出了研究展望与期许。

平心而论,本书只是远未成熟的阶段性成果,还需要夯实知识基础,细致论述核心概念。在后续探索中,我们将进一步完成这些任务,并做一些实证研究,例如围绕美感经验探讨它对于纠正学生迷失概念的作用,或者开发一些案例以供中小学教师参考。从2017年开始,本书两位作者着手探讨该课题。但受限于专业基础与研究难度,研究一直停滞不前,加上工作与生活的巨大压力,其间甚至一度中断研究。今日之所以出版本书,一是出于阶段性总结的需要,也算是为过去的日子留个纪念;二是出于抛砖引玉的意图,希望有更多同仁关注这个被严重忽视的重大课题;三是出于当下我国教育发展阶段需求的考虑。2016年《中国学生发展核心素养》的发布,在很大程度上标志着我国基础教育正式进入素养教育时代。素养已成为广大中小学教师的常用语言,为课程教学提供指向。《普通高中课程方案(2017年版2020年修订)》《义务教育课程方案(2022年版)》的发布,更是进一步推进了素养导向的教育。翻开各个学科的课程标准,"美感"与"自己"这样的"诗性"语词比比皆是。"寻找属于自己的句子"也是我国现阶段基础教育发展的重要努力方向。

本书为全国教育科学"十三五"规划国家一般课题"共同形成性评价的理论与技术研究"(BHA190153)的研究成果之

一,在本书出版之际,特别感谢书写过程中受到的支持与帮助。温州大学为本书提供了部分出版资助(本书原标题为"课程诗学"),夏永庚博士无私地让我们引用了与其合作撰写但未发表的论文的部分内容,浙江省平阳县的特级教师应小敏用心地为本书提供了重要案例,华师大二附中的梁颖老师也提供了精彩案例,南京大学出版社提供了高品质的专业支持,在此一并表示衷心感谢!这些善意和行动将永存本书之中,也将不断鞭策我们前进。

于温州大学教育学院

2023 年 7 月 8 日

目 录

第一章　课程:诗学维度的展开 …………………………… 1
　一、何谓诗学、何以诗学 ………………………………… 1
　二、诗学维度的恢复:课程史的视角 …………………… 7
　三、课程诗学的价值 …………………………………… 18
　四、课程诗学的内涵与实践路径 ……………………… 23

第二章　课程诗学的指向:凸显美感经验 ………………… 29
　一、美感经验及其课程困境 …………………………… 29
　二、美感经验的选择与确定 …………………………… 32
　三、美感经验的常见类型 ……………………………… 50
　四、美感经验的课程价值 ……………………………… 54

第三章　美感经验何以可能:基于观念的教学 …………… 59
　一、从诗性教学谈起 …………………………………… 59
　二、诗性教学的实现:基于观念的教学 ………………… 62
　三、设计基于观念的教学:框架及剖析 ………………… 70
　四、依托框架设计与实施方案:以《地球表面的变化》为例
　　　 ………………………………………………………… 80

第四章　基于观念的教学之效果:美感经验探寻 …… 91
  一、美感经验评鉴目的何在 …………………… 91
  二、美感经验评鉴指向什么 …………………… 93
  三、美感经验评鉴怎么开展 …………………… 95
  四、寻找美感经验:以《地球表面的变化》为例 …… 102

第五章　回应课程诗学的挑战:学校与教师的行动 …… 105
  一、共同的使命 ………………………………… 105
  二、学校的行动 ………………………………… 107
  三、教师的行动 ………………………………… 110

参考文献 ……………………………………………… 118

附录 …………………………………………………… 124

后记 …………………………………………………… 162

第一章　课程:诗学维度的展开

诗学肇始自亚里士多德(Aristotle)的《诗学》。亚里士多德笔下的诗人品质卓绝,是荷马(Homer)那般的巨匠,书写恢宏的史诗,编织世界的文本。他们更像是一群哲人、知识人、说故事的人……其探寻的不是静态、僵化、长老院里、图书馆中的知识,而是藏于人类心灵深处、鲜活的智慧与真理。他们善于倾听、诉说、想象与思考,这正是教育者应有的样子。然而,随着现代世俗社会的兴起,商业化、工业化、功利化的洪流席卷大地,教育除了要传授知识,更需要完成"立人"的事业,营造去往新大陆的挪亚方舟。航程中,我们呼唤古老又弥新的诗学,向未来寄出一份提案。为此,本章将围绕诗学、课程的诗学维度、课程诗学的价值、课程诗学的内涵与实践路径展开论述。

一、何谓诗学、何以诗学

欲挖掘课程的诗学维度,先要回答何谓诗学。谈起诗学,人们很自然地就会把它视为关于诗歌研究的理论。《简明牛津辞典》把它释义为:写诗的艺术;诗歌及其技巧研究。[1] 这

---

[1] DELLA T. The Concise Oxford Dictionary[Z]. London:Oxford University Press,1995.

实质上指的是狭义诗学,主要指称对诗歌这一类体裁所进行的文学批评与研究。广义上,诗学则意味着西方文艺思想史所形成的以"诗学指代文学理论乃至文艺理论"的约定俗成的学术惯例,在后现代诗学中甚至扩展到社会文化等诸多方面的研究。① 本书主要取其广义。

确定诗学的类型后,可以科学主义为参照进行进一步的探讨。这是因为诗学是对科学主义的反拨与纠正。诗学所反对的不是科学,而是科学主义。将"科学"研究的复杂过程与精神窄化为简单的名词,并将之神话,即宣传"科学主义"与"科学至上论"。冠以"科学"却无法被证伪,恰恰是科学精神的反面。科学之所以为科学,正在于"经验的科学的系统必须有可能被经验所反驳"②。诗学与科学并行不悖,诗学通常被认为是以诗歌为研究对象的理论体系。③ 但其原始内涵则泛指人文之学,现代诗学则也远不止研究狭义的诗歌之学,甚至涉及政治学领域,这一点我们在后文还会详述。在此,简要将其与科学并举,可发现两者侧重点不同:一重视理性,一重视感性;一重视科学领域,一重视人文领域;一重视结果的总结与刊布,一重视过程的体验与反思;一重视理论世界,一重视生活世界……

显然,以科学主义为参照的探讨并未提供更为具体的诗学内涵。让我们重新回到西方诗学的源头——亚里士多德的《诗学》。亚里士多德为"模仿"正名,诗人、艺术家不再是理想

---

① 麦永雄. 德勒兹哲性诗学:跨语境理论意义[M]. 桂林:广西师范大学出版社,2013.

② 卡尔·波普. 科学发现的逻辑[M]. 查汝强,邱仁宗,万木春,译. 北京:中国美术学院出版社,2008.

③ 陈至立. 辞海(第七版)[M]. 上海:上海辞书出版社,2020.

国中等待被驱逐的边缘人,他们可以通过对真理的模仿,超越现实的表面,趋向更真实的彼岸。亚里士多德认为,艺术的本质是模仿。它源于人的本能,满足人的智性要求,使人获得某种愉悦。在诗学尚未诞生之前,这或许就是一种审美愉悦,只是没有被命名罢了。这种愉悦感,绵延千年,是诗学在课程中得以成立的先天条件与基石。不唯西方,东西皆然。譬如,孔子说学习要"知之、好之、乐之";北宋胡瑗提出"愉快教学"的苏湖教法,强调让学生在教育中获得朴素的审美愉悦,这种愉悦感,不仅体现在体育、艺术、音乐等和审美行为密切相关的学科中,也体现在其他学科课程的学习与创造中。智慧的创获一定会带来某种愉悦感,这种高峰体验,一定是审美的、诗性的。

在《诗学》中,亚里士多德认为诗人不仅可以"模仿"真实,还可以将客体表现得更美或更丑,即可能或理想的样子。诗人还应当"模仿"那些普遍意义上的典型人物与事件,即必然的样子。"诗人的职责不在于描述已发生的事,而在于描绘可能发生的事,即按照可然律或必然律可能发生的事。"[1]

由此可见,诗人的职责与对于艺术家的要求已经几无差别,诗人甚至需要具备哲学家的素养。对于诗人的定义,也随着时代有所深入,诗人几乎可以被看作理想中的跨越多学科的知识人。如下四项是诗人的基本职责,它表明诗人不应止于模仿,应擅长想象与创造;诗学不应止于研究诗歌,应对世界文本进行体认与反思。这也反映了诗学的内在诉求。

其一,探索与追寻诗性。诗学从其起源看,它首先是关于诗歌的,而诗性自然是诗歌的关键品质。从狭义的探讨诗歌

---

[1] 亚里士多德.诗学[M].陈中梅,译.北京:商务印书馆,1998.

的诗学走向广义的探讨世界文本的诗学,探索诗性如何可能一直是诗学的核心任务,美感则是诗性的重要构成。实质上,这根源于人类对诗性生活的追求,体现于人类各个领域。

其二,再现世界或某种真理。这在艺术上可以看作古典主义的美学范式,在文学上可类比现实主义,譬如巴尔扎克(H. Balzac)的皇皇巨著《人间喜剧》,"忠实"地呈现出一个时代、时代的一个片段、片段中的吉光片羽……在哲学上,这是理念论者、理性主义的基石与追求:一定存在某一理念,哲学家当探求之。目前,语文教科书中大量的经典选文便是这一类型世界观的表现。又比如难以言说的"物自体",那只能由诗人用诗的语言企及。诗人张枣在其名篇《卡夫卡致菲丽斯》[1]中,对于这种"存在"给出了充满诗性的解读:

> 人长久地注视它。那么,它
> 是什么? 它是神,那么,神
> 是否就是它? 若它就是神,
> 那么神便远远还不是它;
> 象光明稀释于光的本身,
> 那个它,以神的身份显现,
> 已经太薄弱,太苦,太局限。
> 它是神:怎样的一个过程!
> 世界显现于一棵菩提树,
> 而只有树本身知道自己
> 来得太远,太深,太特殊;
> 从翠密的叶间望见古堡,

---

[1] 张枣. 张枣的诗[M],北京:人民文学出版社,2010.

我们这些必死的,矛盾的
测量员,最好是远远逃掉。

在诗人那里,这些不可言说,但又能感受到,没有那么故作艰深,不是作为个体的"太远,太深,太特殊",也不是作为某种崇拜对象的"太薄弱,太苦,太局限",而是"百姓日用而不知"。这或许是一种过程,在浅显又广阔的范畴,品味不"太苦",甚至微甜之物。犹如"樱桃之远",而非可量化之物。

其三,自我表现与表达。这是诗人、艺术家、文学家、普通人对于自我的表达与表现,其超越了"再现",不止于此,这正是绘画等艺术领域走向现代的诸多主旋律之一。这也体现了个人"主体"的强大,走向深沉的抒情、磅礴的浪漫,并带来现代社会整体性的改变。舍勒(M. Scheler)认为,现代现象是一场"总体转变"(Gesamtwandel),包括社会制度(国家形态、法律制度、经济体制)和精神气质(体验结构)的结构转变。[1] 这种精神气质,直接体现在主体意识的觉醒上。当人们从宗教、道德、血缘、宗族的羁绊中觉醒过来,个人的主体性使得人不得不呐喊,并试图挣脱这些锁链,完成另一个"新我"。没有哪个时代比当下更强调"自我"的展现了。"成为更好的自己"已经是可以随处"套用"的座右铭。在课程领域,尊重并培育学生的主体性,欣赏学生的自我表达,鼓励其开展有创造性的发现、发明活动,以每一个学生的发展为中心,正是时代精神、现代精神在教育领域的体现。

其四,对"规则"的描绘、表达与创造。本来,规则是具有

---

[1] 马克斯·舍勒. 资本主义的未来[M]. 罗悌伦,译. 香港:牛津大学出版社,1995.

真理性质的，它不以人的意志为转移。虽然康德（I. Kant）有言"人为自然立法"，但此理性之法，非感性所能撼动，也非特定个人与群体所能改变，所有人都遵循着某种客观规律。这些规则消除了道德、宗教的影响，也只这有样，它的"客观性"才能体现，同时，它也参与形塑了现代人的人格与社会的方方面面。它是艺术之为艺术、诗歌之为诗歌、课程之为课程的背后的"语法规则"。在现代观念中，意识到这些规则的存在是极具重要性的一步，当杜尚（M. Duchamp）伪造作者姓名，将小便池命名为"泉"送去美术馆参展时，这一行为比所谓艺术品更有价值，因为这一行为直指"语法规则"，即什么使得艺术品成为艺术品？知识人开始反思，是哪些要素决定了"物品"可以进入美术馆？同样，在课程领域，哪种课程最有价值？为何学生课表上的课程几乎一成不变？是什么决定了这些？这些都是在研究看似理所当然的事情背后的"语法"。是课程社会学、课程人类学、课程现象学等相关课程理论所注意到的并开始研究的重要领域。

在课程改革的当下，诗学无疑契合了新课程改革的内涵与精神，且具有一定的前瞻性。具体体现在以下两点：

一是诗学能体现儿童的诗性，贴合教育本质。维柯（G. B. Vico）认为，儿童最大的创造力来自想象力，按照自己的观念去想象，这也正是诗人的特质。这种想象力是一种直接感受的想象力。[①] 除了想象力，儿童的诗性还体现在对事物超强的模仿能力与记忆力。关于模仿，维柯指出，诗来自天赋，最初的诗人都是凭借自然本性才成为诗人，而不是凭借技艺；

[①] 吴靖国. 诗性智慧与非理性哲学——对维柯《新科学》的教育学探究[M]. 台北：五南图书出版股份有限公司，2004.

诗不过就是一种模仿,如同儿童擅长于模仿,而技艺也不过是对自然的模仿,其在某种程度上是"实物"的诗。模仿的另一个形式就是比喻,这是寓言故事得以存在的根本动力。关于记忆力,想象的基础在于记忆,想象不过是扩大或复合的记忆。儿童惊人的记忆力使他们更像一位诗人。开显儿童的诗性,需要良善的引导,不经引导的诗性,很可能走向放纵。课程的重大意义就在于基于儿童的本性,通过适切的设计使这些本性更好地发展为诗性智慧,进而促进儿童的发展。这种发展是教育性的,不仅仅是求真求美,还要求善。传统的教与学理论常把真、善、美割裂开来,这恰恰是课程诗学所强烈反对的。

二是诗学是一种"技艺"之学[①],契合课程的性质与特征。"技艺"重要的不是最终的产品,而是一种培养能力和进行创造的过程。课程亦然,从词源学的角度来说,curriculum 可以是"跑道",但更应该是"跑步的动作"。这种过程性正好使得诗学与课程完美地契合,而开放的诗学可以与文学、美学、文艺学甚至社会科学交融,不停给予课程以营养。

可见,无论是从研究对象、与儿童的关系还是从诗学特征来看,在课程领域,我们都需呼唤诗学维度的展开。

二、诗学维度的恢复:课程史的视角

为了更好地理解课程的诗性维度,需要追根溯源,下文将从课程史视角揭示它的样貌。诗学是久远的,讲故事本身就一种最原始的课程,因此课程的诗学维度应当是历久弥新的,

---

① 杨春时.论中华美学的诗学化特性——兼论美学与诗学的关系[J].学术月刊,2019,51(02):144-151.

现实却是它长期处于被遮蔽的状态。原因在于现代意义上的课程是现代化的产物,天然具有科学化的特征,诗学的那一面被压制了。

(一) 新的课程话语:对主流课程范式的反拨

美国课程史学家坦纳夫妇(D. Tanner & L. N. Tanner)指出:"课程有悠久的过去,但只有短暂的历史。"[①]盖因现代意义上的、被理论化、结构化、标准化的课程,只不过百年。课程(curriculum),含有"跑道"之义。将其理解为名词还是动词,体现了课程理论两个相反方向的维度。斯宾塞(H. Spencer)首先在现代教育意义上运用"课程"这个词,并提出了经典的问题:"什么知识最有价值?"他的答案是:科学最有价值,科学具有永恒的价值。[②] 按其思想,科学统摄一切。课程是以教师传授科学知识、学生获得科学知识为基本目标。知识与课程在这里作为名词存在。

博比特(J. F. Bobbitt)在1918年撰写的《课程》一书中,从人类普遍的经验出发,以课程目标为导向,设定课程计划,科学地进行课程编制。查特斯(W. W. Charters)在1923年出版的《课程编制》一书中,将课程科学化推向新的高地,他拓宽了博比特课程编制科学化的边界,使坚硬的名词略加柔和,比如对于课程目标,他承认理想的意义,且认为"编制课程的目的是克服达到目标的过程中所遇到的困难,而不是达成目标"。但是,科学化的精神,目标导向的程序并没有商量的余地:"首先必须制定目标,然后选择课程内容,在选择过程中,

---

① TANNER D, TANNER L N. Curriculum development: theory into practice[M]. New York:Macmillan, 1981.
② 赫伯特·斯宾塞.斯宾塞的快乐教育全书[M].周舒予,译.北京:北京理工大学出版社,2013.

必须始终根据目标对课程内容进行评价。"博比特和查特斯领衔的课程科学化运动始终强调课程目标的具体化(particularization)和标准化(standardization),甚至细化到某一年级的教师应该教会学生每分钟完成多少道题,如果不能达到这个标准,就说明教师失职。同样,教师也没有责任超出这些标准。①

由此,课程开发成为可操作、可复制、目标明确的科学流程。目前课程理论界的基石之一是偏好"技术兴趣"的泰勒原理,其无疑也是将"课程"理解为作为结果与产品的"名词"。泰勒也因为1949年出版的《课程与教学的基本原理》而被称为"现代课程理论之父"②。其追求的"效率"与"控制"一直被视作课程实践的主流,此后课程学者们不断对此进行科学化和优化,譬如布鲁纳(J. Bruner)和施瓦布(J. Schwab)建构的结构主义课程理论,采用自然科学和典型社会科学的研究范式以试图建立一门"课程科学"。③

这里有必要提及要素主义课程理论,无论是古希腊的"七种自由艺术"还是中国古代的"六艺",都体现了要素主义的精神,从文化中提取最有价值的要素来育人。教育方法则强调心智和道德的训练,于是要求学习的刻苦与专心,"个人兴趣"让位于"努力";文化价值具有永恒的真理性,"学科课程"能够体现文化是课程的主体;教育的主动权在教师手里而非学生手里。④ 要素主义在教育实践中大行其道,与追求"技术理

---

① 施良方. 泰勒的《课程与教学的基本原理》——兼述美国课程理论的兴起与发展[J]. 华东师范大学学报(教育科学版),1992(4):1-24.
② "现代课程理论之父"这个称号本身就是绝妙的隐喻,这个称号充满了传统男性家长的特征:坚硬、理性、权威。教育的母性被遮蔽了。
③ 张华,石伟平,马庆发. 课程流派研究[M]. 济南:山东教育出版社,2001.
④ 张华,石伟平,马庆发. 课程流派研究[M]. 济南:山东教育出版社,2001.

性"的泰勒原理、结构主义、实践课程理论合流,汇成了具有统治地位的科学主义课程范式,持续至今。

科学主义课程理论诞生于现代社会的土壤。这似乎是一个"灵晕"(aura)[①]消逝的时代,也是一个管理学、控制论占据主导的时代。泰罗(F. W. Taylor)的"科学管理运动"盛行于现代课程理论兴起之初,对其产生了极大的影响,效率、目标、控制为上的管理学气质也延续至今,其带来的弊端却不容小觑。以目前通行的商业模式为例,乔治·里茨尔(G. Ritzer)在《社会的麦当劳化》一书中认为效率似乎对所有人都是好事,是所有人的理性选择,但意外的低效率以及让顾客和工人遭受非人道的非理性做法却经常不期而至。[②]

主流课程理论享有的价值观以科学、标准、实验、复制等为根本,能更好地服务于社会要求,解释与引导课程现象,因此形成了对诗学维度整体性的压制。我们的兴趣在于,无论是泰勒的课程原理还是布鲁纳的结构课程理论及施瓦布的实践课程理论,其实都汲取了人本主义及杜威的自然经验主义的营养,并做出不少技术性修正。比如泰勒就曾不满博比特和查特斯对目标的设定,他说:"我倾向于把目标视为发展的一般反应方式,而非要获得的高度具体化的习惯。"[③]但课程理论在与要素主义合流后,何以在实践中常常演变为庸俗的、

---

① 本雅明(W. Benjamin)在其名篇《技术复制时代的艺术作品》中引入"灵晕"概念,其意指在现代社会的技术复制条件下,原作与复制品的差别。现代社会遍布复制品,用复制品代替原作,原创的"灵晕"遂在被复制的瞬间闪现又消逝。原创之所以有"灵晕",是因为它拥有一个固定的语境,在复制的过程中,这个语境则时过境迁。

② 乔治·里茨尔. 社会的麦当劳化[M]. 顾建光,译. 上海:上海译文出版社,1999.

③ 拉尔夫·泰勒. 课程与教学的基本原理[M]. 施良方,译. 北京:人民教育出版社,1994.

算计的、弥漫的功利主义?

因为它们在管理学背景、目标导向、效率为上等方面对功利主义几乎是不设防的,且其原本理性的目标和充沛的价值观被迅速窄化。总体而言,主流课程理论在文化气质上是现代的、理性的、连续的、齐整的。在本体论上它是"主客体"两分的:知识与人两分;理性与感性两分;主观与客观两分。并以知识、理性、客观为尊。在知识论上则推崇自然科学知识、客观逻辑知识以及权威的社会学知识;在方法论上善于工具论,相信科学、技术,以使课程作为一种有效的工具,可以促进社会福祉的最大化。在实践中则是以目标为导向,无论是刚性的还是柔性的目标。在这一主流范式下,诗学是被边缘化甚至被遮蔽的,人具有的诗性因其晦暗难明和对主流课程的潜在威胁而受到压制。

科学主义课程理论的实践所面临的问题越来越严峻,对其的反思也越来越迫切。从本体论上来说,主客体两分势必造成科技造就之物的独大以及"人"主体性的丧失;从认识与知识论的角度,科学知识也仅仅是认识世界的一个维度下的结果。从其他视角看,知识本体就是不完整的,按照德勒兹(G. Deleuze)的说法,知识是"块茎"的,充满了随机性。"块茎"是德勒兹在《千高原》中所描绘的基本的哲学概念,它的意思是指"一切事物变动不居的复杂互联性"[1]。同样,福柯(M. Foucault)也给予了科学知识论在本体与方法论上的致命一击,他的知识考古学和话语谱系学批判了进步神话和以连续性为核心的启蒙哲学与史学。他批判了启蒙的知识论,

---

[1] 麦永雄.后现代多维空间与文学间性——德勒兹后结构主义关键概念与当代文论的建构[J].清华大学学报,2007(2):37-46.

认为知识是不稳定的,更多地与话语实践、权力等纠缠在一起。① 在课程领域,由于受牛顿自然科学机械决定论的影响,长期以来,课程内容与目标遵循某种固定不变的范式,教学过分提倡知识系统性和层次性,压制学生的个体性和创造性。随着其他人文领域的反思与推进,课程话语已经到了不得不变的时候。

实际上,无论"课程"被当作名词还是动词来理解,我们在纷繁的课程理论中更倾向于科学主义还是人本主义,更重视科学维度还是诗学维度,都需要达成两点共识:其一,课程是关于人的;其二,课程是一种人为的产物。课程的"属人性"是教育的应有之义,无须赘言;但课程是一种人为的产物则充满了时代特征,课程既不是科学,也不是文学,课程甚至不是教育学,它有明确的边界。课程古已有之,但人们真正科学地认识与创制课程,却是在现代社会。无可讳言,在宽泛的意义上,课程本身就是一种设计,但其诗学维度却不能被忽视。课程本身也是文本,并且可被视为多种文本。②

为抵制过于刚性的泰勒原理,寻找新的课程话语,麦克唐纳(J. B. Macdonald)从课程理论与实践的关系着手研究,发现存有三类课程研究者与实践者:第一类人大多关心如何控制学生的学习和行为;第二类人把课程理解为抵制资本主义、种族主义的工具;第三类人反对泰勒原理,认同想象力和激情对学生学习的作用。③ 麦克唐纳认为第三类人重视诗性智慧

---

① 牛宏宝. 福柯之后艺术史书写的可能性[M]//高名潞. 立场·模式·语境——当代艺术史书写. 北京:中央编译出版社,2016:73.

② 威廉·派纳. 理解课程:历史与当代课程话语研究导论[M]. 张华,等,译. 北京:教育科学出版社,2003.

③ MACDONALD J B. Theory, practice and the hermeneutic circle [J]. Journal of curriculum theorizing, 1981, 3(2):130-138.

(mythopoetic),他们不是强调科学与理性,而是彰显学校经验中的灵性、神秘、个人和人际。从具体知识表现形式来看,诗性智慧表现为一种有别于逻辑推理的课程内容——它是人类经验的内隐层面,如人类基本的感情、同理心、想象,以及对生活意义与目的的反省等[1]。

派纳(William Pinar)明确提出把课程理解为美学文本,他详细梳理了艾斯纳(E. W. Eisner)、休伯纳(D. Huebner)、拉格(H. Rugg)等诸多学者在课程美学探究方面的思想,以期"把美学语言确定为可以替换当时占主流地位的泰勒学说的一种重要语言"。在这里,美学语言即诗性语言、诗学语言。诗学的言说方式即美学的,但诗学更进一步,还关注言说的语法知识,走向"人的解放"。

教育现象学家如范梅南(M. V. Manen)、后现代课程学家如金奇洛(J. Kincheloe)都提出了自己的观点以寻求新的课程话语,他们的立场接近于神话诗学(mythopoesis)。[2] 课程理论家青木(T. Aoki)曾经说过,课程像一座桥梁,我们需要的不是快速通过,而是在桥上的凝视(contemplation)和徘徊(lingering)。[3] 凡此种种表明,面对强势的主流课程范式,课程理论家"另辟蹊径"的尝试从未停歇,并隐约有新的范式成为可能,如肇始于浪漫自然主义、经验自然主义和人本主义

---

[1] KESSON K R. Toward a curriculum of mythopoetic meaning [M]// HENDERSON J G, KESSON K R (Eds.). Understanding democratic curriculum leadership. New York: Teachers College Press,1999:1-105.

[2] WILLS P. Conclusion: The Mythopoetic Challenge[M]//LEONARD T, WILLS P (Eds.). Pedagogies of the imagination: mythopoetic curriculum in educational practice. New York: Springer, 2008:266.

[3] 威廉·派纳,杨澄宇. 课程,悠游于科技的边缘——威廉·派纳与杨澄宇关于课程与科技关系的对话[J]. 华东师范大学学报(教育科学版),2017(1):101-105.

的当代人本主义经验课程范式,其包含以派纳为代表的存在现象学课程理论和以阿普尔(M. L. Apple)为代表的批判课程理论。[①] 课程诗学秉承他们的精神,同时也不断对他们和自身进行批评,警惕任何范式。

(二) 诗性在课程中的展开

其实,从课程的历史来看,诗学的维度恰恰是被遮蔽了的。自古以来,故事就是课程。故事、轶事记录和格言都是原住民获得思想、知识和智慧的主要方式。在文字没有形成之前,智者(如部落长老)借助故事、轶事记录、格言、神话、诗歌、隐喻等方式教导原住民。其中,神话和故事作为最常见的叙事形式,保存着人类的历史、生活的样貌、伦理和道德。

有异于西方实证主义的量化知识,原住民的神启知识是从故事、想象和直觉而来。这些都具有灵性的根源,而灵性和灵性知识成为原住民知识的核心,提供理念和存有论,强调关联、归属、情爱、包容,人与人及人与自然的和平共存。灵性是人类存在的重要层面,它告诉我们如何求知、如何觉知世界,鼓励集体或个人进行经验分享,促进人们理解我是谁、从哪里来、与他者有何关系。从教育学角度看,故事将认识论和存在论统整到课程内,将教师/学生/课程/主体统整起来,激发下一代不断地追寻自己是谁,不断地建构自我主体。

以故事为课程是人类常见的行动,其历史可追溯至上古时代,当时人们就利用神话或故事来传达知识和道德,启发灵性。维柯的"诗性智慧"(poetic-wisdom)就是在探讨神话、故事的起源。他认为,人类社会的起源是诗性的,儿童的本能也是诗性的,儿童充满着好奇心、想象力、模仿力,并具有畏惧、

---

① 张华.经验课程论[M].上海:上海教育出版社,2000.

揣测、夸大、迷信等特质。诗性虽然是人的自然本性,但其发生是有条件的,他认为在人远没有能力从事物中抽取其形式和特质时,一种本性的需求产生了诗性性格。[1] 换言之,诗性之所以产生乃是因为人生来对所有事物都是无知的,以他们的能力和知识无法解释所面对的事物,他们惊奇于自己的存在,彷徨于人类的生老病死,对电闪雷鸣更是感到恐惧,因而发挥好奇、想象、揣测等能力,"藉由他们自己的感受和激情来揣测这些无生命的东西,而将它们归属于存在的生命体,并且以这样的方式来生成寓言故事"[2]。

可见,诗性是创造的基础,人具有诗性,尤其是想象加上热情或激情,因而创造了器物、制度,甚至神话、故事。维柯指出,诗性性格构成了寓言故事的本质。但维柯强调,创造的来源不仅仅是诗性,即仅有想象和热情是不够的,还需要智慧的融入,才能使原始生命力得到良善的发展,构成创造。[3] 吴靖国认为,这才是维柯诗性智慧最精华的地方,智慧是对天神意旨的理解与实践,因而得以驾驭并引导人类这种兼具建设性和破坏性的诗性,而让"诗性智慧"成为人类文明的起源和历史发展的原动力。[4] 我们可以这样理解,没有智慧的加入,想象力甚至可以是狂暴与专断的,一种想象的出现,可能是其他无数想象的湮灭。福柯有言,想象力只是想象的缺陷的反面

---

[1] 吴靖国,诗性智慧与非理性哲学——对维柯《新科学》的教育学探究[M].台北:五南图书出版股份有限公司,2004. 在本书中,poetic-wisdom 与 mythopoetic 基本同义,都翻译为"诗性智慧"。

[2] 吴靖国,诗性智慧与非理性哲学——对维柯《新科学》的教育学探究[M].台北:五南图书出版股份有限公司,2004.

[3] 陈伯璋.课程美学[M].台北:五南图书出版股份有限公司,2011.

[4] 吴靖国,诗性智慧与非理性哲学——对维柯《新科学》的教育学探究[M].台北:五南图书出版股份有限公司,2004.

和另一面。① 诗性,"只是"对想象力缺陷的对抗。"只是"仅仅表示一种智慧,诗性呼唤与带来无数种想象,而非某些想象。

从知识具体表现形式来看,诗性智慧表现为一种有别于逻辑推理的课程内容——它是人类经验的内隐层面,如人类基本的感情、同理心、想象,以及对生活意义与目的的反省等②。关于诗性智慧的构成,相关学者提出类似的观点或看法。如欧用生认为,人类社会的起源是"诗性的",诗性智慧包括感性、情绪、想象、热情、创造等。③ 凯森(K. R. Kesson)更具体地提出,诗性智慧包括感性、情绪、意象、梦想、幻想、直觉、欲望、热情和创造等,这些是人类经验的重要特质,也应该成为儿童学习的主要课程。④ 哈格森(N. L. Haggerson)则强调诗性智慧的灵性或精神层面(spirit/spiritual),指出它出现在民间传说或宗教故事中,可以通过隐喻、文学、音乐、艺术、数学、建筑、民俗或宗教仪式来表现这种妙不可言的体验。⑤ 这些研究表明,诗性智慧含有感性直观与美学体验、想象与情感、道德与灵性等内容。

课程的诗性表明,从诗学角度探讨课程,或者把诗学应用于课程具有天然的适切性。而现在我们需要做的是,恢复课

---

① 米歇尔·福柯. 词与物——人文科学的考古学[M]. 莫伟民,译. 上海:上海三联书店,2021.
② KESSON K R. Toward a curriculum of mythopoetic meaning [M]// HENDERSON J G, KESSON K R (Eds.). Understanding democratic curriculum leadership. New York:Teachers College Press, 1999:1-105.
③ 欧用生. 诗性智慧的课程论述[J]. 幼儿教育(教育科学版),2006(12):4-6.
④ KESSON K R. Toward a curriculum of mythopoetic meaning [M]// HENDERSON J G, KESSON K R (Eds.). Understanding democratic curriculum leadership. New York:Teachers College Press, 1999:1-105.
⑤ HAGGERSON N L. Expanding curriculum research and understanding: a mytho-poetic perspective[M]. New York:Peter Lang, 2000.

程的诗性维度,或者说让课程诗学得以展开。不妨用一个"隐喻"来说明主流课程范式、课程诗学与文学等之间的关系。本雅明在谈论卡夫卡(F. Kafka)的写作时说了下面一段话:

> "展开"一词具有双重意义。一个花蕾可以绽(展)开为花朵,但是,教孩子们用纸折叠的小船却展开为一页平展的纸张。这第二种"展开"用来形容寓言是再恰当不过的了;将寓言像纸一样展开从而使其意义跃然掌上的正是读者的快感。然而,卡夫卡的寓言是在第一个意义上展开的,即花蕾绽开成花朵的方式。这就是其效果何以相似诗歌效果的原因。①

虽然本雅明的本意是阐述卡夫卡的语言具有第一种如花一般绽开的特性,但是,我们在此借用其"展开"一词的第二种意象,即折叠的小船展开为一张白纸。诗性是使白纸可以被想象成船的能力,是作品完成的前提。这里说明了课程诗学与传统课程范式的区别,后者只在乎静态的结果,并拼命赋予其社会价值,譬如真实航船模型的用处,并追求航模的实用性。但课程诗学更注重其中蕴含的审美愉悦感、折纸船的故事性以及折痕的合理性。课程诗学与文学、诗歌的区别则在于,文学是卡夫卡式语言的自然绽放,课程诗学是对人造之物的寓言式、隐喻式解惑与敞开,也是对展开机制的意识与反思。这是由课程的性质所决定的,从白纸到小船,再从小船到白纸的过程,循环往复,更接近课程诗学的立场,而从花蕾

---

① 瓦尔特·本雅明.本雅明文选[M].陈永国,马海良,编.北京:中国社会科学出版社,1998.

到花朵,那是自然地生长,是农业,是文学,是园艺学。

诸多自然状态时刻提醒着我们学生具有天性,学习必须顺应这些天性。但是,课程诗学与传统诗学共享一个前提:它们都是人造之物,也共同面对着现代社会的挑战,如景观社会、消费主义、过度商品化等。① 而"纸—船—纸"的变形过程才是课程诗学的视角,是现代课程真正该着力与反省的地方。课程诗学不仅是结构式的,有明确的课程目的、内容与方法,有建造的想象力与动力;更是解构与展开式的,有对句法"折痕"反思的勇气。此时,课程诗学也就跃然于纸上,并呈现其自身的内涵与意义。

三、课程诗学的价值

综观古典与现代诗学,以及课程源初的模样,课程诗学的价值在于:

第一,纠正时弊。呼唤教育中"人"的回归、呼唤课程中应有的诗学维度、呼唤被"效率""速度""功用"等遮蔽的审美愉悦感。对于课程领域来说,古典诗学的呼唤不失为"金玉良言":对审美愉悦感的重视,是对当下功利主义盛行的"反拨"。如果说学生对当下的学科教育只能感受到"被训练"的痛苦,对师生、生生关系表示"无力",甚至流露出负面情绪,那么,我们要先为其补充"养分"与"糖分",让本该有的"营养"被其吸收,让其享受这种愉悦感。这构成课程诗学最重要的意义,也

---

① 面对现代社会的问题,课程自身的属性使得它不可能全然随波逐流,而是杂糅成新的社会问题。譬如我们有理由相信,市场化的课程不可能是完全的商品,具有全然的商品属性,而是赎罪券和游戏币的融合。

符合新课程改革的理念。①

我们经常面临诸多的两难：理想与现实的落差；目标与手段的背离；繁重的课程不快乐，快乐的课程又难以得到家长与社会的信任；学生在课程中获得的方法难以解决社会问题，社会也无法提供有用的课程资源。我们认为破解的方法是先理解其"句法规则"，理解课程与社会的句法是否一致，理解不同学校、班级与个人面对课程压力时不同的"言说方式"，但在此之前要凝聚一种课程共识，即我们不能再坦然面对诗学维度的缺失，要回到课程与诗学的起点，重拾那个"讲故事"的年代留下的美好与乐趣。

第二，对主流课程范式的补充。今天，神话和故事及其强调的灵性还可用来补充主流理性课程范式。神话是知识的来源，而创造则是知识的表达方式。在凯森看来，在人类历史上，神话以故事的形式教导我们认知自身的来源、目的、努力和热情，这些故事就成为课程。② 有学者呼吁，课程应抵制过度"迷信"与依赖理性，转向故事与诗歌，以创造性、想象力、美学等体悟教育的灵魂。③ 具体来说，对现有课程范式的补充体现在以下两点：

---

① 以新近的《义务教育课程方案（2022 年版）》为例，它开宗明义谈及教育宗旨之一是发展素质教育，培养时代新人；基本原则第一条即坚持全面发展、育人为本。《普通高中课程方案（2017 年版 2020 年修订）》中也阐明教育的任务之一是促进学生全面而有个性的发展。我们认为，个性正是诗性发展的要求。

② KESSON K R. Toward a curriculum of mythopoetic meaning [M]// HENDERSON J G, KESSON K R (Eds.). Understanding democratic curriculum leadership. New York: Teachers College Press, 1999: 1-105.

③ DAVISON A. Myth in the practice of reason: the production of education and productive confusion[M]// LEONARD T, WILLS P(Eds.). Pedagogies of the imagination: mythopoetic curriculum in educational practice. New York: Springer, 2008: 11-30.

首先是对言说方式的重视。如果说古典诗学的重点在于探索艺术、文学以及与之相关的美学创造背后的审美现象、审美表达和审美结果,那么现代诗学的侧重点则是对诗性言说方式的研究。自泰勒的"课程四要素"提出以来,现代课程不可避免地被打上了"管理学"的烙印,向课堂要效率也成了应有之义。这当然是课程实践的"进步",但是也不可避免地带来弊端:"知识本位"带来了"人"的缺位,课程文本的言说方式也就类似于管理指南或产品手册;在课程目标上,大家都默认经过一段规范化的、科学的指导,学生可以如期成为社会想要的人才;在教学上,教师的语言也被要求规范化、可复制、可传播;在教科研上,实证的课堂观察、基于理性证据的研究正成为主流。而课程诗学的言说方式则是提倡发源于学生自身的表达,课堂的即兴与美学取向,教科研的个性化与多元化,课程管理的人性化,等等。表达不一定是明确的,而是充满隐喻,我们甚至利用隐喻来思考,隐喻能够捕捉到世界的真正法则,而不只是将人们熟悉的意象投射到这些法则上。这一点,甚至体现在科学隐喻上,当科学面对现有词汇存在无法表达的语言中的空白时,即面对诗学时,它要先创造出一个充满隐喻的词汇,以让"语言纳入世界之因果结构"。[①]

其次是对句法规则的追问与反思。这也是现代诗学有别于传统诗学和美学的关键点。课程诗学关注课程得以言说的方式与可能,即教育现象背后的句法结构。如果说科学的目标是"祛魅"(demystification),那么诗学的彰显带来"回归"的道路,也是"复魅"(demythologizing)的表现。课程的句法并

[①] 比如在英文中,rabbit ears(兔子耳朵)用以指称电视机顶部支出去的两根天线。关于此论述,可见于史蒂芬·平克. 思想本质:语言是洞察人类天性之窗[M]. 张旭红,梅德明,译. 杭州:浙江人民出版社,2021.

非天生就得平铺直叙如说明书一般。我们得承认,有许多说不清道不明的"缄默知识",这些知识如何被传授与习得,现代课程理论或许难以证明,现代课程实践也难以求得。后现代美学家和思想家利奥塔(J. F. Lyotard)说他所理解的后现代事物是要"以现代的方式呈现不可呈现的事物;它拒绝正确形式的安慰,拒绝品味的共识——这种品味让怀旧的普遍经验替代不可呈现的事物;它直接质询新的呈现的可能性——而非在其中获得快感,而是更好地产生对不可呈现事物的感受"[①]。诗学让不可见之物显现,让课程之上的"存在""道理"得以开显,让学生在生活中可能遇到的种种情态能够被看见、被理解。

句子的展开有赖于语法的作用,这里的语法是诗性的。诗性,同样包括对言语及其所指涉对象的本源、本质、关系进行追问。由于它对旧有语法进行反思,常诉诸审美,所以现代诗学和美学有着千丝万缕的关系。然而诗性,并非通常意义上理解的"诗情画意";现代诗学也不限于"诗歌之学",而是更关注结构性的"元问题",即现象背后或之上的句法结构。譬如追问审美何以可能?知识何以可能?课程诗学,正是用诗学的观念、精神来观照课程。这必然走向对课程本身的追问与反思。

第三,具有面向未来的精神。课程诗学的精神是"理想主义"的。这包括:

(1)彻底的非功利性。非功利性并非拒绝介入社会,更不意味着课程领域与外界的绝缘。作为社会的产物,课程必

---

① 西蒙·莫尔帕斯. 导读利奥塔[M]. 孔锐才,译. 重庆:重庆大学出版社,2014.

须通过非功利性实践来创造自己的能力范围。恰恰是因为人为创造的"封闭",课程制造了它的外部,并向它广袤的外部敞开。① 这有赖于主体的二次觉醒:第一次是意识到课程本身的规则与自律性,语言可以自我生成,不受社会、政治、经济等因素的功利影响,它摆脱了"文以载道"的窠臼;第二次是对这种形式自律的再反思,对其形成自给自足的自我运转、自我繁殖的教条的警惕。课程中的功利,并非全然指对功名、权力、经济的追求,也可能陷入更深、更难摆脱的功利范畴,是语言、文本的一种封闭的、排斥他人的、异端的精英与集权主义。

(2) 高扬的主体性。课程本身是主体的事情,每个人都有选择自己的课程生活的权利,每个团体、社会共同体也有特定的课程需求,这也是校本课程需要被重视的原因。人需要全面与个性化发展,全面与个性化并非站在相反的对立面,而是互为方法,因为个性化而全面,也因为全面才能个性化。班级、学校层面也是如此。需要注意的是,将自我坚定地表达出来,需要选取合适的媒介与文本,这就说明方法与技术也很重要。科学与技术的发展会孕育与促发主体性,而非相反。

(3) 真正的开放性。现在向未来开放,向过去开放,过去也向现代与未来开放。教育与课程生生不息的力量或本源是什么? 正是人类经验、情感、语言本身的流转,给予创造力源源不断的养分。这都有赖于开放的精神。开放同样意味着对异质性的宽容。异质性的内核只有被小心呵护,才能生长出创造性的果实。"课堂向四面八方打开",要促使学生能够和同伴、教师、教材编写人员、作者、局外人等进行深入、开放的

---

① 这里借鉴了装置艺术的理念:封闭的装置艺术并不意味着反对开放,反而是明确了边界,封闭性不是开放性的对立面,而是它的前提。详见徐旷之的《空白[5]》,非正式出版,第177页。

对话,只有对话才能获得智性与诗性的快乐,获得足够的课程机会,享有更多的可能性。

(4) 批判与创造。这是一种不断回望、反思、批判自身的精神,其指向"成人"和"成新人"。这也指向一种实践,一种反思性、创造性的实践。这里的"实践"超越了经验与理性的两分,是一种以自我本身为目的的过程。亚里士多德将人类的行为分为三类:理论(theoria)、生产(poiesis)和实践(praxis)。理论是静观与沉思的行为,产生如数学、物理学、神学的知识;生产则是创制产品,包括技术与操作;实践则是人类运用理性来处理事物,并产生人与人之间的行为,是一种伦理学知识。实践是以自身为目的的活动,它的目的就是"善"。实践是伦理学意义上的,追求人类共同体的共同福祉。[①] 这不也正是新课改以来"立德树人"的课程宗旨吗?让知识的实践成为一种诗学的审美与伦理经验,不仅要直面当前的课程问题,也要时刻警惕诗学方案走向"荒腔走板"与"凌空蹈虚"。

四、课程诗学的内涵与实践路径

(一) 课程诗学的内涵

自亚里士多德以降,后世思想家如维柯(G. B. Vico)、康德(I. Kant)、杜威(J. Dewey)、巴赫金(M. M. Bakhtin)等人的理论,现代主义与后现代主义等的诗学观念,为课程建设提供了丰富的理论资源。维柯坚持诗学在教养形成中的关键作用,强调对想象力的培养。康德为现代美学提供了言说范式,美育在人的理性养成方面不可或缺。杜威以经验和审美经验定义艺术,讨论当审美体验成为学习过程的中心阶段时的诸

---

① 张汝伦. 历史与实践[M]. 上海:上海人民出版社,1995.

种可能。巴赫金在《陀思妥耶夫斯基诗学问题》一书中提出的话语关系类型学,为对话理论从文学研究到教育研究的转变提供了丰富资源。另外,中国古典诗学作为我国传统诗歌创作与理论相统一的整体形态,蕴含着诸多重要原则与审美范畴,以及重境界、重风骨、重韵味、重性情等基本精神,亦可成为现代课程理论的资源。在课程研究领域,派纳领衔的"概念重建运动"对主流的课程主义、管理学主义倾向的批判可资借鉴。

通过比较上述丰富的理论资源,本书从四个方面定位了课程诗学的内涵(详见表1.1[①]):

表1.1　课程诗学的定位

意义指向	探究方式	理论资源	表现形式
人类的起源;人类的存在;人的本性;社会;家庭;文化;信仰;教学价值观;神性;学生与教师;隐性课程;善与恶;实践……	诠释;启发式探究;批判;叙事;精神治疗;参与式观察;祛魅与复魅;反思;证据取向;诠释性探讨;民俗方法学……	解释学;现象学;实用主义;存在论;有机/过程理念;后现代理念;格式塔;人文主义……	诗歌;故事;叙事;音乐;舞蹈;雕塑;钢琴;电影;摄影;仪式;符号;隐喻;建筑;戏剧;自传;信札……

课程诗学是一种重新想象的教育方式,它为学习过程创造了更大的批判性意识和伦理责任,并激发学习者利用想象力和批判性思维来修改和重塑"常识"。现代诗学并非要求我们追求某种特定的课程范式,而是对所有"范式"进行反思,它应当指向某种开放的精神。

---

① 修改自 HAGGERSON N L. Expanding curriculum research and understanding: a mytho-poetic perspective[M]. New York: Peter Lang, 2000.

(二) 实践路径:通过体验与经验

综观古典诗学与现代诗学,以及被遗忘和遮蔽的课程史的诗学,我们发现,路径实现的源动力是体验。体验是课程诗学得以成立的重要基石。"experience"与"经历"同源,体验来源于"经历"这个词。何为"经历"? 经历是指"发生的事情还持续存在着"[1]。体验是诗性的,是模糊不定且难以把握的概念。瑞克(A. Raake)和艾格(S. Egger)将其定义为"某种发生于一个特定情境范围中的个体感知流(情感、感觉、知觉和概念)"[2]。我们认为,体验具有如下特征:

(1) 体验是直接的。体验的直接性先于所有解释、处理或传达而存在,并且从直接性中有所收获。"如果某个东西不仅被经历过,而且它的经历还获得了一种使自身具有继续存在意义的特征,那么这种东西就属于体验。"[3] 可见,体验有着生存上的意义,它的直接性保证了生存是鲜活的。体验发生在真实的情境中,课程应当创设有助于学生核心素养生成的真实情境。对真实情境的重视,在新课改以来的文件中并不鲜见。[4]

---

[1] 汉斯-格奥尔格·伽达默尔. 真理与方法[M]. 洪汉鼎,译. 北京:商务印书馆,2010.

[2] ALEXANDER R, SEBASTIAN E, Quality and quality of experience [M]// SEBASTIAN M, ALEXANDER R (Eds.). Quality of experience: advanced concepts, application and methods. Switzerland: Springer, 2014: 13.

[3] 汉斯-格奥尔格·伽达默尔. 真理与方法[M]. 洪汉鼎,译. 北京:商务印书馆,2010.

[4] 《义务教育课程方案(2022年版)》在第二部分"基本原则"的"加强课程综合,注重关联"中提出"加强综合课程建设,完善综合课程科目设置,注重培养学生在真实情境中综合运用知识解决问题的能力";在第四部分"课程标准编制与教材编写"的"教材编写"中提出"加强情境创设和问题设计,引导学习方式和教学方式变革";在第五部分"课程实施"的"深化教学改革"中指出"加强知识学习与学生经验、现实生活、社会实践之间的联系,注重真实情境的创设,增强学生认识真实世界、解决真实问题的能力"。

（2）体验是杂多的、短暂的。我们体验到某件事，通常是诸种感觉纷沓而来，不仅有视觉，还包罗听觉、触觉、嗅觉等。另外，情境可能是极复杂的，经常会出现几件事情同时发生、念头层出不穷、纷扰不断、顾此失彼的情况。某一刻如此短暂，体验可能是难以言说的，也可能是说不尽的。正因为体验杂多、短暂，所以常常被认为是不可靠的，康德更提出了"超验"的概念，即要从体验、经验的不可靠中超脱出来。但是，一方面，这种不可靠性可能是历史性的，是由观念变迁所形成的。譬如，我们常常认为"眼见为实"，视觉体验最为可靠，但诸多学者认为，视觉的优先性是历史构建出来的。[1] 在很长一段历史中，譬如古希腊的某一时段是触觉优先，他们认为人的触觉更值得信赖。另一方面，现代社会本身就是短暂而变化多端的。经典主义的范式已经无法对这个快速发展的现代社会给以解释。诸多知识分子也对古典主义追求的永恒提出质疑，人不应该只是观察者，还应该是投入的体验者，甚至是闲逛者。现代课程面对的是现代生活，应当基于学科又超越学科，其前提就是尽量获得丰富的体验过程。《义务教育课程方案（2022年版）》在"课程设置"中明确要求，综合实践活动要侧重跨学科、研究性的学习与社会实践。

（3）体验是鲜活的、具身的。自梅洛-庞蒂（M. Merleau-Ponty）始，哲学家越来越关注身体的重要性。而在此之前，在思想界，身体也是不被信任的，是被忽略和边缘化的。但是，没有什么比"身体"更适合作为语言发生的基石，成为我们和世界紧密相连的桥梁，乃至成为世界本身的了。人必然是基

---

[1] 马丁·杰伊. 低垂之眼：20世纪法国思想对视觉的贬损[M]. 孔锐才，译. 重庆：重庆大学出版社，2021.

于肉身的。这不仅是显而易见的常识,也是一切语言、一切"语法"的源头。从这个层面上来说,体验有了某种必然性和优先性。它可以被信任,且必须被信任。

(4)内隐体验必须要有表现的外显。"一个概念,一种理论,其意义只有与人的行为习惯、行为效果联系起来才能得到真正的澄清。"如果没有结果与效果,按照实用主义的观点,那就不产生意义。正所谓:"这个态度不是去看最先的事物、原则、范畴的假定是不是必须的,而是去看最后的事物、收获、效果和事实。"①如果能够坚持新课改所提倡的"做中学""用中学""创中学",那么课程诗学中体验的源动力就会持续不断,呈现出多姿多彩的学习形态与成果。在教学实践中,一方面,需要尽量拉长表现的时间,设立长课时、大单元,追求一个整体的经验,这些都是在这方面的努力;另一方面,则需要在空间上进行拓展,从固定地、传统地、插秧式地排列座位的教室,走向灵活的、多元的社会与自然的大课堂,寻求在真实世界的经验获取。在学生学习方面,对学生的表现给予欢呼与鼓励当然是应有之义,但同时也要注意"读者意识"的引导与培养。教育中的表现不是独角戏,社会维度的要求使得表现不能自说自话,而应当有明确的读者意识和边界感,这样学生才不会成为以自我为中心的人。

综上所述,内在体验以及外显的表现,可以被看作课程诗学的重要源动力。教学方式、课程实践、课程评估等,都需要对此做出回应,新课程改革的诸多倡导都与此契合。同时,在教学中应不断关注已有的话语结构,看到"真问题",并创造新的"属于自己的句子"。

---

① 陈亚军. 实用主义:从皮尔士到布兰顿[M]. 南京:江苏人民出版社,2020.

需要注意的是，这里的体验必然会走向经验，如果没有经验的反思与创造，路径将会趋于虚妄。这也是我们在后续探讨中选择"美感经验"作为这项诗学提案的原因，之所以加上"美感"，是因为人类非功利的、共通的愉悦感、想象力、创造力是诗学的开端，也是纠正教育时弊的最好切入点。在这段旅程开始之前，需要谨记：课程诗学有多种可能，我们只能确认将从诗性中获得某种可能，至于这可能是什么，没有人能够保证，也不应该保证。康德发掘了"现在"的价值，让"现在"摆脱了过去和未来的纠缠，它真正的问题是："现在正在发生什么？我们身上发生了什么？我们正生活在其中的这个世界、这个阶段、这个时刻是什么？"[①]课程诗学一定是即刻发生的，它面对的是鲜活的生活世界与教育问题。

---

① 汪民安. 福柯、本雅明与本阿甘:什么是当代？[J]. 马克思主义与现实，2013(6):10-17.

第二章 课程诗学的指向：
凸显美感经验

课程诗学彰显出课程的诗性维度，它首先是关于课程，其次才是关于诗学的，因此对课程诗学的探讨需要从课程的角度来把握。如是，极有必要探讨课程目标、课程内容选择与组织、课程评价。如以教学话语来表示，则要求探讨落实哪些教学目标？怎么开展教学？如何开展教学评价？这几个问题构成本书后续几章主要回答的问题，本章则聚焦于课程/教学目标。美感经验就是一种课程/教学目标，或者说是一种期待得到的学习结果。美感经验是通往诗性维度的必经之路，是诗学中的重要基石，也是解决目前教学困境的重要方法。相比感性、情绪、意象、幻想、直觉等，美感经验得到更多研究，也更容易在教学中被运用。那么，何谓美感经验？美感经验有何常见类型与课程价值？本章将围绕这些问题展开探讨。

一、美感经验及其课程困境

课程诗学有其内在追求，不仅强调科学与理性，而且彰显学校经验中的灵性、神秘与美学。就其内容看，课程诗学与审美客体、审美主观体验直接关联。课程诗学的这种体验就是美感经验。所谓美感经验就是关注事物时所引起的特定反应、态度与判断，它可以来自课程学习等生活经验，也可以来自高雅艺术品的欣赏经验。

从发展阶段看,美感经验演变大致可概括为"抽象化""独立化""本体化"三个阶段。① 在抽象化阶段,审美经验的某些形式规则被哲学抽象出来,视为经验的主体,而现实的人和感性的经验沦为抽象主体的附庸。在独立化阶段,其独立性主要源于现代科学的出现。科学理性逐渐接管认识世界的权力,人们通过对想象和愉悦的分析,开始将审美经验同经验科学认识分开,使得美感经验成为生活中的一块独立领域。在本体化阶段,人们试图颠覆传统形而上学,解除美感经验对某种本原的附庸,打破它与日常生活的隔离,从而使美回归日常生活经验。在这个阶段,我们大概可以说,其过上了诗性的生活。恰如不经反省的人生是没有意义的,诗性的生活本身不仅充满诗意,也充满了批判、创造与超越。

美感经验之所以享有重要地位,这主要源于近代以来"人"的发现以及认识论转向后主体的知觉和感觉能力所得到的较多关注。历史上,美感经验概念有着漫长的演变过程,涉及庞杂的知识体系,存有多种类型,一些美感经验观念甚至相互矛盾。仅以20世纪一些美感经验理论为例,舒斯特曼(R. Shusterman)就归纳出7种对比类型,共14种界定。例如,冷静的评价与顺从的同化是两种决然不同的类型,前者认为审美主体能引导欣赏进程,理解艺术作品与意义;后者则认为美感经验也有顺从、被动的一面,在想象中把自身投入艺术作品之中。② 这些分类表明,美感经验歧义重重而且对立。如果以哲学作为分析视角,这些分类还涉及现象学、实用主义

---

① 张宝贵. 西方审美经验观念史[M]. 上海:上海交通大学出版社,2011.
② SHUSTERMAN R. Aesthetic experience: from analysis to Eros[J]. The journal of aesthetic and art criticism, 2006(24): 218-224.

和分析哲学。美感经验的多元阐述显示出自身丰富的内涵，同时也意味着它缺乏统一的界定。这种多元化理解是诗学的重要体现，但也直接增加了美感经验教学与评价的难度。首先，在教育实践中，人们需要选择一个课程教学的美感经验理论并确定美感经验内涵，这并非易事。通过考察我们发现，这些理论大多比较复杂，并非教师所熟悉的内容与语言。而且，即便确定了某种理论，相关的美感经验还是很难转化为教学与评价行动。例如，在现象学视角下，美感经验被视为意向性活动，其核心要素是从情感到知觉，其发生过程亦复杂多变。有现象学学者认为，美感经验存在原始情感阶段、构成阶段、体验与评价阶段。原始情感阶段是指审美主体被对象某一特质打动所激起的某种强烈的感情。构成阶段是指审美主体积极创造与构建活动，将最初的感知活动进行填充、补充与完善，从而与原始情感一起构成审美对象；或者审美主体通过知觉参照审美价值素质，重构相应艺术作品并构成特殊的审美对象。体验与评价阶段是指产生于静观审美对象中的情感反应，以及由此产生的审美价值判断。①

这些理论与论述离一线教师比较遥远，普通教师很难理解这样的美感经验，也很难把它与课堂教学联系起来。为此，在课程教学范畴，已有不少学者对美感经验展开专门论述。文献显示，许多研究把教与学的经验视为美感经验，探讨美感经验的性质与实践，但一些研究者经常混淆了美感经验的性质与条件，或者二者兼而有之地界定美感经验。例如，有研究者认为科学课程的美感经验具有三项特质：与生活经验的紧

---

① 罗曼·英加登.对文学的艺术作品的认知[M].陈燕杰,晓末,译.北京:中国文联出版社,1998.

密联系、身临其境的感官体验、理解力与想象力的交互游戏。^① 这其实是美感经验的条件,并非其性质。就本书主题来说,美感经验的性质尤为重要,它大多被认为涉及诗性智慧中的美、新奇或满足的感觉,并且产生新的意识与觉知。^② 例如,有研究从艺术教育的角度思考教育过程中的美感经验,提出类似的三项特征:一是人们进行美感选择与评价的经验,二是当人们遇到某些令其感觉为美的事物时所发生的新奇感受,三是当人专心致志于某个对象时所产生的意识觉醒。^③ 美感经验性质的确定为美感经验的教学与评价提供了指向,只是这样的性质还略显含糊,具体至教学与评价需要做进一步具体化处理。例如,课程诗学要求学生具有高扬的个体意识与较强的主体性,但是对于意识觉醒的评价,终归要大致明晰它到底由什么构成,否则普通教师无所适从。此外,意识觉醒又包含了主观与客观因素,具有生成性特征,这使得它很难被事先非常具体地规定,因此,需要在明确与含糊之间达成一个合理的平衡。

二、美感经验的选择与确定

(一) 走出课程困境的选择:杜威的贡献

何谓美感经验?按字面分析,美感经验由美感与经验构成。美感一词源来自希腊语(aisthesthal),意指认知、感觉与

---

① 江欣颖.科学课程美感经验之探究——游戏与想象的观点[D].台北:台北教育大学硕士学位论文,2008.

② 周淑卿.学习历程中美感经验的性质——艺术与科学课堂的探究[J].课程与教学季刊,2010(1):19-40.

③ EATON M M, MOORE R. Aesthetic experience: its revival and its relevance to aesthetic education[J]. Journal of aesthetic education, 2002, 36(2): 9-23.

想象；经验则指个人在生活世界里观察或从事某事。因此，一般而言，美感经验是指个人在生活世界里对于某事物的觉察、感觉、认知、想象，甚至是行动。[①] 美感经验是诗学提案的第一步，诗性智慧本初是充满了愉悦感的。

上文美感经验及其课程困境显示，教育领域需要界定适合自身的美感经验。在这点上，杜威做出了一定的贡献，其工作值得借鉴。这一方面在于杜威的工作契合了我们对于诗学最本真的理解，他反对把美感经验与日常生活割裂，日常经验都可以成为美感经验[②]，从而让"高高在上"的诗性有了落实至教育的可能；另一方面在于杜威的实践与教育具有天然联系，如他指出每个学科都有一个经验或体验维度，把学生经历的完满经验称为一个经验（an experience），认为融合知觉、理智与情感的一个经验与美感经验并无质的差异，只有程度的差异。[③] 这些论断体现了生活经验的意义在于对经验的诗学审视。

教育总有所指向，该指向即学习结果。学习结果可被视为一种经验，诗学方面的学习结果也是如此。人类对美的体验有两种方式：一是无意中爆发的瞬间感受，如观看泰山日出时产生的震撼；二是对有意识设计的艺术品或活动的体验，如在一个项目学习中获得的欣喜。[④] 第二种对美的体验比较适合作为诗学维度下课程教学的学习结果，它就是杜威所指的

---

① 洪咏善.教学的美感经验如何可能[J].中等教育，2010(12):130-141.

② 参见高名潞.西方艺术史观念:再现与艺术史转向[M].北京:北京大学出版社，2016;张宝贵.西方审美经验观念史[M].上海:上海交通大学出版社，2011.

③ DEWEY J. Art as experience[M]. New York: The Berkley Publish Group, 1934.

④ JACKSON P W. John Dewey and the lessons of art[M]. New Haven: Yale University Press, 1998.

美感经验(art-centerred aesthetic experience)。本书主要围绕第二类体验展开研究,而且把它限制于学生课堂探究,如科学研究、项目设计。当然,课堂探究中也会涉及第一类体验,如精美的教材插图、舒适的音乐旋律也让学生感到愉悦。因此,在某种程度上,第二类体验既是本书研究的主要内容,也是本书展开的线索。在课程教学领域,杜威认为美感经验指的是学生在一个相对独立的完整学习过程中所得到的体验,下面从三个方面进行阐释:

1. 美感经验是作为做与受的经验

针对传统认识论的经验观念,杜威认为需要破除主观、静态的经验论。为此,其首先拓展了经验的范畴,认为经验的内容比认识活动要宽得多,把它从认识论领域扩大到生活领域。在此有必要指出,杜威的经验实质就是第一章提及的体验,只是由于国内习惯了这种措辞,本书也遵循如此称呼。有别于形而上的经验概念,秉持实用主义的杜威不喜欢在概念上打圈子,他认为经验是种带有时间性的行动过程,无论所谓主观或客观、感性或理性,经验都服务于鲜活的人类生活。在《经验与自然》一书中可见:"经验是不仅包括做些什么和遭遇些什么,追求些什么,爱些什么,想念和坚持些什么,而且也包括人们是怎样活动和怎样受到影响的,他们怎样操作和遭遇,他们怎样渴望与享受以及他们观看、信仰和想象的方式——能经验的过程。"[①]显然,此处的经验并非抽象的概念,而是活生生的生活本身,只要是人的行为,无论下棋、吃饭、游泳都可以是经验。经验来自有机体与环境的互动,即"经验首先是变成做(doing)的事情。有机体绝不徒然地站着,一事不做,等着

---

① 杜威.经验与自然[M].傅统先,译.北京:商务印书馆,2005.

什么事情发生……它按照自己的机体构造的繁简向着环境做出动作。结果,环境所产生的变化又反映到这个有机体和它的行动上。这个生物经历和感受(undergoing)它自己的行动。这种做与受就形成了经验"[1]。经验的做与受也揭示了经验与自然的连续性。一方面,既然经验是有机体与环境的相互作用,那么经验乃是关于自然、来自自然,并非纯粹主观的东西,不是心理学的概念,而是既是智性的又是感性的;经验所处的环境并非外在于人,而是与人合一。这类似于海德格尔(Heidegger)的上手(at hand)状态。另一方面,所谓经验的对象也并非纯粹客观的,这是因为它们受到人的影响,并不是完全独立于人的。当我们相信某事某物时,在很大程度上是因为我们在传统、权威、语言等的影响下,习惯了它们的模样。因此,"经验既是关于自然的,也是发生在自然之内的……被经验到的并非经验而是自然——岩石、树木、动物、疾病、温度等。在一定方式作用下的许多事物就是经验,它们是被经验到的东西。当它以另一方式和另一种自然对象——人的机体——相联系时,它们就又是事物如何被经验到的方式。因此,经验到达了自然的内部,它具有了深度。它也有宽度而且扩张到一个有无限收缩性的氛围"[2]。经验的做与受还揭示了经验的内在统一性。这主要因为做与受本身包含了经验的对象与方式,经验不止于静态的名词,还可以作为动词,动词与名词的交替就是行动的展开与加深,其中经验成为经验方法,经验方法也可成为具体的经验内容。一旦经验自身成为方法,自然的意义将得到充分的彰显,经验的过程与结

---

[1] 杜威.哲学的改造[M].许崇清,译.北京:商务印书馆,2002.
[2] 杜威.经验与自然[M].傅统先,译.北京:商务印书馆,2005.

果将得以统一,经验具有了动态发展的特征,成为生长与开拓的力量。这种经验与经验方法的统一性,体现了一种生命的探究活动,使得生命意义得以拓展,生活的价值得以丰富,使得哲学与人的生存息息相关。

2. 美感经验是完满而独特的经验

经验有着不同的类型,并非所有经验都能显示生活的意义与价值,这就涉及经验的方式问题。当人从生活的问题出发,采用正确的方法服务于自己的生活,最后取得满意的结果时,这样的经验才是完整的,才能令经验具有自身的意义。杜威把这样的经验称为一个经验。一个经验并非神秘的经验,它在生活中随处可见,如我们生活中的一个完满解决问题的方案,一次声情并茂的演出,一场已经结束的游戏,甚至一次不愉快的激烈吵架……只要它们善始善终,没有被中途打断,得到圆满的结局,它就是一个经验。[1] 由此可见,一个经验包括了完满性和独特性。完满性意味着一个经验的完整,它是一个整体,而不是由碎片化组成的。当谈论一个完整的经验,我们往往获得满足,而那种中途打断的谈话、不完整的故事等常常让我们觉得不尽兴。如果从过程或时间角度看,完满性也意味着有开始与结束,是个持续发展的运动。这在生活上体现得极其明显,生活就是过去—现在—将来的历程,这个历程的依据在于现在的经验总能吸取以往的经验,进而改变未来的经验。独特性则指一个经验的局部与整体都是独一无二的。就局部而言,由于个体经验的差异、新旧经验的更替,构成一个经验的每个部分都有自己的特征,它们之间不会重复,前一个局部将流向后一个局部。就整体而言,由各个局部构

---

[1] 贾媛媛.艺术与经验:杜威艺术哲学研究[D].哈尔滨:黑龙江大学,2009.

成的整体自然与另一各个局部构成的整体有所区别,即每个整体也是独特的。局部和整体的独特性可用如下例子加以具体说明——一次难忘的象棋比赛和一次愉快的晚餐自然具有不同的局部,哪怕一个人经历了两次难忘的象棋比赛,也往往由于时间、地点、氛围等的不同让人的感觉产生差异。这些具有完满性和独特性的一个经验体现了行动过程中的智慧参与、行动结果后的美感获得。促成经验完满性与独特性的源头乃是情感的统整,在经验过程中,没有单独存在的情感,情感总是关于情境的。这种与情境关联的情感渗透于事件之中,且事件的各个部分产生的情感各不相同,当我们投入事件之中忘却自我时,这种情感是无意识的,正是它们的不同程度的波动黏合了各种经验,使得一个经验具有美感。

3. 美感经验是审美性处于支配地位的经验

该如何解释美感经验?"一个经验"是解释美感经验的钥匙和立足点。之所以如此,乃是因为一个经验是经验的典型,同时其具有的完满性使得它具有审美的性质,与美感经验相通相异。在杜威看来,美感经验不是独立于一个经验或经验之外,它本身就藏身其中,与一个经验并没有明确的界限。当经验的完满性得到进一步强化时,即审美性在经验中居于支配地位时,一个经验就主要地成为审美的。或者说,一个经验和美感经验的区别不在质上,只是程度上的区分。[①] 美感经验与一个经验的另一区别在于,美感经验的知觉特征更为明显、强烈,即审美对象在知觉中被强烈地感受到,没有自我与对象的差别,两者各自消失,完全融合在一起[②]。当然,美感

---

① 杜威. 艺术即经验[M]. 高建平,译. 北京:商务印书馆,2005.
② 杜威. 艺术即经验[M]. 高建平,译. 北京:商务印书馆,2005.

经验与日常经验的区别则是明显的。这一方面体现在日常经验缺乏完满性,缺乏审美的性质,而美感经验具有完满性,使得做与受形成某种平衡与和谐,从而具有审美性。另一方面体现在日常经验中情感只是伴随物,而在美感经验中情感发挥着黏合的作用,更加突出经验整体的情感性。美感经验有力地击破了身心二元认识论,这正是诗学补充科学的开端与学理正当性所在。传统意义上,美感经验普遍被视为心理运作的过程与产物之一。随着哲学的发展,人们开始抵制这种身心二元论,试图从一元论视角探讨美感经验,把身体纳入美感经验,重新论述人与世界的互动。美感经验是由有机体与环境的互动而生成的[①]。这实质上涉及了美感经验向存在论回归,即回归人的生活。在杜威看来,所谓艺术与美并非应被高高搁置于艺术馆和博物馆,美应回到生活本身。幸福生活才是人类的根本,生活经验是一切思想的出发点,生活经验最本真的意义就是审美。[②]

(二) 皮尤的改进及批判

尽管上文阐释了美感经验的含义,然而这些含义还比较模糊,未刻画美感经验以便用于教学与评价。其实,这就涉及美感经验的具体化。那么,如何具体化美感经验?从学习结果的角度看,该问题可转化为具有美感经验的学生能做什么?这实际是从学生的表现行为来倒推学生是否具有美感经验。在这方面,学者皮尤(K. J. Pugh)对美感经验进行了操作性界定,提出质变经验(transformative experiences)概念,在很大

---

① DEWEY J. Art as experience[M]. New York: The Berkley Publish Group, 1934.
② 张宝贵. 西方审美经验观念史[M]. 上海:上海交通大学出版社,2011.

程度上解决了当前美感经验的具体化问题。

1. 皮尤具体化美感经验的依据

皮尤的质变经验源于对杜威观点的吸收与改进,包括"一个经验"、反省思维的观念(ideas)、教育性经验(educative experience)。对于这三方面的知识基础,皮尤做了个人阐述。

首先,在皮尤看来,贯穿杜威思想的一个共同主题是丰富生活经验。其在职业晚期热衷于艺术,认为艺术是丰富人类经验的一种手段,对于丰富人类经验具有独特潜力。[①] 为突出这种艺术经验,他提出一个朴实的概念,即一个经验。相比普通的不完整经验,一个经验是经验流的整合,意味着完整的经验与完满的感受。[②] 一次难以忘怀的旅行、一次愉快的午后阅读都是一个经验。期望(anticipation)推动经验流动,使得每个阶段有别于其他阶段,并将所有经验统一起来。在经验流动中,期望带来情感极致或完满状态。例如,阅读一本侦探小说时,阅读过程所建立的期望推动了情节的发展,直到达到高潮与结局。阅读过程中的期望赋予小说阅读特殊性与统一性,这就是阅读经验成为完满经验的原因。一个经验的统一性还在于,我们与世界关系的改变促进了知觉与价值的扩展。杰克逊(P. W. Jackson)指出:"对于杜威来说,我们与艺术对象的互动是经历一个经验的典范。艺术不仅提供了转瞬即逝的欢欣和喜悦,还拓宽了我们的视野,有助于后续经验获得意义和价值,改变我们理解世界的方式,从而使得我们与世

---

① DEWEY J. Art as experience[M]. New York: The Berkley Publish Group, 1934.

② DEWEY J. Art as experience[M]. New York: The Berkley Publish Group, 1934.

界发生格式塔般不可逆的改变。"①

艺术经常能教导我们看得更深刻、做得更精致,发现我们自身或世界新的价值,揭示平常生活中不平常的一面。例如,凡·高(V. V. Gogh)的《农鞋》吸引我们看到鞋子磨损的内部、黑乎乎的敞口,还邀请我们深入地看到劳动步履的艰辛、丰收的喜悦、大地的呼唤,引发我们去看更多日常生活事物的美。遗憾的是,简单与重复使得我们失去对事物的新鲜感,每天看到筷子还是筷子,房子还是房子,城市还是城市,直到有一天我们离开时才发现它们的不平凡。经验可被视为做与受的行动,在做中人们向环境做出动作,环境所产生的变化又反映到人们的行动上。一个经验是做与受的交互,在受的过程中人们开放自己,际遇美的降临,交出自己。例如,我们接纳艺术表现,献出自我,允许它们的意义被施加于我们身上。在这种运作中,知觉和价值得到扩展,我们的经验发生转变。对于一个经验,期望贯穿整个做与受的过程,通过情感统合出完满而独特的经验。实际上,皮尤正是用一个经验来替代美感经验,这也使得对诗性的掌握有了具体的抓手。

其次,皮尤参考了杜威"观念"所具有的独特反省性。这恰恰给诗学之后的开展提供了可能的道路。杜威的观念与探究经验中的反省思维(reflective thinking)紧密关联。观念有别于概念,概念表示一个精确的界定,意味着能准确地加以应用,观念则是那种能吸引学生、改变他们想法的东西,学生应用观念生活,与之共存于世界。当然,概念与观念也存在着联系,概念几乎都来自观念,或者说观念是抽象化概念的原型或

---

① JACKSON P W. John Dewey and the lessons of art[M]. New Haven: Yale University Press, 1998.

来源。在一个经验中,期望是关键元素,期望的推进基于观念,而观念是将来可能经验的期望。[1] 观念具有三个特征,这三个特征解释了为何它能推动期望。观念的第一个特征是学科性,即观念指向与期望相关的学科内容。[2] 学校与教学中存在许多想法,如学生盼望与同伴进行课外闲聊,这就不是观念。观念的第二个特征是能促发行动,只有在行动中观念才有意义和价值。观念是将来可能经验的期望生产器[3],期望如同计划导向行动[4]。观念一旦形成,将会通过行动测试自身的可行性,如果不具有可行性,观念则仅仅是想象。通过测验,观念可用来指导新的观察、反思、情境识别,并可综合过去、现在与将来。[5] 观念的第三个特征是情感性。观念的情感关联着期望的情感,后者源于参与特定观念,持续推动并统一经验走向完满。[6] 正是在期望的引导下,人们依据观念采取行动,在反省思维中开展实验,而实施的关键是观念对人经验的作用。可根据观念对个体所产生的价值的高低,以及在个体与环境互动中形成的新经验的多少来判断其价值。如此一来,观念在经验中被证实,其在日常经验中能帮助个体行动,扩展个体的知觉与视野。

---

[1] DEWEY J. Art as experience[M]. New York: The Berkley Publish Group, 1934.

[2] WONG D, PUGH K. Learning science: a Deweyan perspective[J]. Journal of research in science teaching, 2001(38): 317-336.

[3] DEWEY J. Art as experience[M]. New York: The Berkley Publish Group, 1934.

[4] HOOK S. John Dewey: an intellectual portrait [M]. Amherst: Prometheus, 1939.

[5] DEWEY J. Art as experience[M]. New York: The Berkley Publish Group, 1934.

[6] WONG D, PUGH K J. Learning science: a Deweyan perspective[J]. Journal of research in science teaching, 2001(38): 317-336.

一个经验与基于观念的参与有着共同特征。这包括它们都拥有推动经验发展的期望,给予经验以意义。此外,两者都是质变的结果。一旦个体与世界的关系发生变化,一个经验将经历知觉与价值的扩大。相似的,通过基于观念的参与,个体能用观念重新观看世界(re-see the world)。简言之,观念如同艺术品一样能作为产生一个经验的手段。然而,要使得基于观念的参与成为一个经验,它必须随着时间展开并达到完满状态,否则一个知性活动会由于缺乏审美的性质,不能成为一个经验。如果一个人基于观念开展行动,缺乏投入与期望,那么这样的行动是不足的,不是真正的基于观念的参与。要成为一个经验,行动需要在观念引领下进行,并产生新洞见、新意义、新可能和新方向。如果以观念为参照,一个经验的做是基于观念开展行动,一个经验的受是来自观念的结果。经验之所以显示出美感,是因为期望推动经验走向完满,情感渗透于经验之中,最终使得该经验有别于普通经验。①

再次,皮尤借鉴了教育性经验的主张。生活事关丰富的经验,这也是教育的目的所在。因此,我们需要提升面向未来丰富经验的能力。② 如果以此为视角,错误的教育性经验是那种阻止和扭曲未来经验成长的经验。相反,教育性经验能富有生气地出现于后续经验之中。可见,所谓教育事业即安排落实某种经验——它们能促进人们拥有令人向往的将来

---

① JACKSON P W. John Dewey and the lessons of art[M]. New Haven:Yale University Press,1998.

② DEWEY J. Experience and education[M]. New York:Macmillan,1938.

经验。①

　　教育性经验内涵丰富,有些指向于批判性思考、自我管理、个人激情。教育性经验同样还包括学科方面的经验。1938年,杜威提出传统教育的问题并不是它依赖于过去的学科,而是它的学科脱离了学生当前的经验。在此,我们可参考他的艺术观念加以理解。当艺术品成为经典,它们通常与当前经验失去关联,失去向潜在的经验转变的可能。然而,正确的解决方案并不是把艺术品晾在一边,而是去重塑精致形式的经验与日常普通经验之间的联系,前者来自艺术品,后者来自每日事件与行动。② 相似的,教育者的工作不是把学科经典内容撇在一边,而是重塑它们与每日经验的关联性。关于这种连续性的本质,杜威曾用课程与地图做出生动的类比。课程如同地图能作为经验的引导,但是不应该代替经验。③如果人们仅仅观察地图,而不用它来旅行,那么这将是他们所接受的教育的"耻辱"。同样,如果学生仅仅学习地理知识,而不去运用它们,那么这也是学生的"耻辱"。在探究背景下,基于观念的参与要求学生在日常生活中应用它们,并遵从期望的引导。由此,学科与经验之间建立起有机联系。④ 在这种联系之中,知觉得到扩张。知觉在美感经验中有着突出地位,知觉包括重看事物的积极经验,也就是说,用新方式、新眼光

---

　　① DEWEY J. Art as experience[M]. New York:The Berkley Publish Group,1934.
　　② DEWEY J. Art as experience[M]. New York:The Berkley Publish Group,1934.
　　③ DEWEY J. The Child and the curriculum[M]. Chicago:The University of Chicago Press,1902.
　　④ DEWEY J. Experience and education[M]. New York:Macmillan,1938.

观看物体或事件。[1] 相反,识别(recognition)是直觉的中止。我们可以借用熟人相见来举例说明知觉与识别的区别:我们意识到自己以前其实从来不了解这个人,好像从未见过他。在此,知觉遇到了新内容和新意义,意识变得新鲜而活泼。[2] 除了积极地重新打量熟悉的物体、事件或议题,知觉同样包含着诗性经历,即接受新意义与新价值。杰克逊指出,充分的知觉不仅具有工具价值,还有着内在价值。[3] 也就是说,充分的知觉服务于直接经验,它使得经验更为强烈且富有意义。此外,充分的知觉能为物体、事件和议题带来持久的价值,体现了"我们只爱我们能充分知觉到的东西"[4]。

回到学校学习与日常经验关系的议题,我们发现识别只注意应用,阻止经验的发展。例如,一位学生可能会把云层识别为某种类型的东西,但经验也就在此打住,知觉则意味着更丰富地看待世界。在这种联结的背后,学生通过学科视角更充分地观看世界,改变对学科的理解和对学科价值的判断。一般来说,由于向世界敞开,学生将得到极致的体验回报。在这个意义上,经验沉浸于诗性美感之中,表现为一个经验。拥有一个经验的学生不仅能认识到校内学习与校外学习经验之间的联系,还能用这些联系解决生活中的问题。这样的学生应用学科知识观察身边的事物,感受外界事物的变化,看到它

---

[1] DEWEY J. Art as experience[M]. New York: The Berkley Publish Group, 1934.

[2] DEWEY J. Art as experience[M]. New York: The Berkley Publish Group, 1934.

[3] JACKSON P W. John Dewey and the lessons of art[M]. New Haven: Yale University Press, 1998.

[4] DEWEY J. Art as experience[M]. New York: The Berkley Publish Group, 1934.

们新的面貌。这种学习不仅仅是种认知活动,更是一种存在(being)于世上的方式,具有深刻质变与诗学价值。这样的经验就是杜威所信奉的——教育的作用在于生成丰富经验,以便让人们丰富地生活于未来生活。[①]

2. 皮尤具体化美感经验的尝试

皮尤认为,当学生在课外应用学科观念,通过它们以令人兴奋的新方式观看世界时,质变经验就发生了。例如,一位小学四年级学生完成关于岩石的单元学习后,所写下的感受就充分显现了质变经验的发生:"相比以前,我对岩石的看法有了变化。现在我一看见岩石,就想讲有关它们的故事——它们来自哪里、去过哪里、叫什么名字……过去我对湖里的岩石几乎熟视无睹,现在我会忍不住想起有关它们的故事了。"[②]这个有趣的故事显示,丰富孩子的地理知识和拓展孩子的日常经验,能够转变其与岩石的关系。为了更好地开展评价与测量,2002年,皮尤从主动应用(Motivated Use,MU)、知觉扩展(Expansion of Perception,EP)、学科认同(Experiential Value,EV)三个维度来界定质变经验。[③] 三者之间的关系如图2.1所示:

[①] DEWEY J. Experience and education[M]. New York:Macmillan, 1938.
[②] GIROD M, WONG D. An aesthetic (Deweyan) perspective on science learning:case studies of three fourth graders[J]. The elementary school journal, 2002(102):199-234.
[③] PUGH K J. Teaching for transformative experiences in science:an investigation of the effectiveness of two instructional elements[J]. Teachers college record, 2002, 6(104):1101-37.

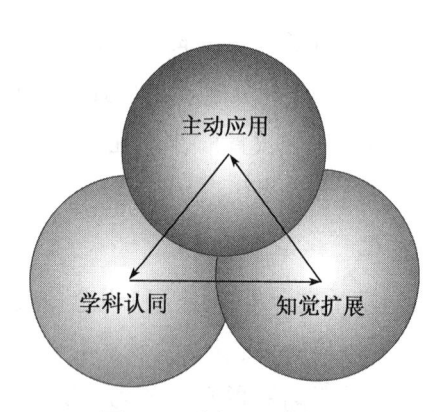

图 2.1　质变经验的模型

主动应用是指在非强迫的情况下，学生应用学习所得于一些情境。例如，一个学生在野外很自然地观察天空与云层，感受天气的变化，向家人讲述云层流动情况，以及可能会出现的刮风下雨等天气现象。除了主动运用知识观察处理事物外，主动应用也包括学生选择与他人交流所学内容。回顾上述杜威的思想，可以发现主动应用使得观念在日常生活中得以实践，学习作为生存(being in the word)的方式得以实现。知觉扩展是指通过学科内容重新看待物体、事件或议题。也就是说，用新的或更细微的方式使用学科内容看待和理解物体、事件或议题。在真正的质变经验中，知觉扩展与主动应用是组合出现的，学生在校外日常生活中经历知觉扩展。例如，日常生活中见到云层，学生会把它与天气联系起来，从空气压力和热量角度做出分析，然后预测是否会下雨，最后决定是否早点回家。知觉扩展尝试去描述一个经验和观念的质变内涵，它体现的是充分知觉，而不是简单识别。学科认同是指用学科内容理解物体、事件或议题，对它们发展出深度欣赏、产生兴趣等。学科认同也包括对所学课程内容产生的兴趣，它使得学生发自内心地想重看世界。例如，学生不仅充分了解了天气变化规律,还发现和云层打交道是件很酷的事情,以前熟视无睹的云层现在对自己有了意义,其描述云层的变化与自己的判断,认为它们很酷,具有神奇的力量,道出自己对它们的喜欢。学科认同运作了一些完满体验,让学生经历了一个经验的特质。如前所述,经验的受吸收了意义与价值,正是对意义与价值的吸收使得它有别于普通经验,最终使其处于完满状态。此外,价值认同进一步反映了一个经验与观念的转变属性。可见,知觉扩展促进学生对学科的价值认同,这进一步会推动学生的主动应用,而主动应用又会促进学生知觉扩展的实现。

3. 对皮尤理论的检视与改进设想

质变经验以追求诗性中的美感为总体目标,对于教育无疑是适切的,它对课程教学具有重大价值。这种价值首先体现在质变经验具体化了美感经验,使之有形可观,不再"虚无缥缈"。或者说,既然美感经验捉摸不定,那么不妨从可教可评的三个维度来把握,从而为学习结果的撰写提供明确指向。事实上,质变经验是对美感经验的尝试性具体描述,是从学生角度看美感经验的发生意味着什么,其实质是在一定程度上外显了美感经验,从学生行为表现来间接推断内在的美感经验。质变经验主要从主动应用、知觉扩展、学科认同三个维度进行操作性界定。同时,质变经验评价对评价方法还做出了一定贡献。其相关评价问卷和访谈提纲能很好地弥补当前纯粹质性评价方法在考察美感经验时耗时费力的不足。

质变经验为美感经验提供具体指向,质变经验评价为课程教学提供可行的简洁方法,但我们也必须清醒地认识到,质变经验评价还远未完美。首先,质变经验只反映了部分的杜威思想,且只反映了美感经验的一部分。其次,质变经验确实让美感经验落地了,但我们却不知质变经验内部到底如何运行。也就是说,那些构成质变经验的统一、完满被认为反映在主动应用—知觉扩展—学科认同之中,然而它们并没有被直接体现。例如,学科认同被视为反映经验的完满,但质变经验的测量并没有直接探讨经验的发展过程。总体上,质变经验并没有充分地包含美感经验中的感觉、情感和非理性方面。

综上所述,我们认为,审美是人类诗性智慧的重要显示,美感经验是课程教学的关键所在。从存在方式看,教学中的美感经验可体现于认知与情感共在的学习中;从实践行动看,美感经验可视为完满学习历程的事件;从现实情况看,美感经验普遍发生于学校与课堂。

我们可借鉴杜威的美感经验——作为做与受的经验、完满而独特的经验、审美性处于支配地位的经验,进而结合质变经验具体化美感经验。主要设想有两个。第一,增加对学生学习过程的探索,加入学生的一些过程性感受。这大致可用公式来表示,即美感经验=质变经验+过程性感受。第二,过程性感受包括兴趣、喜悦、崇高感等学生所经历的情绪,它们能直接反映学生的情感体验,显示学习经验是否完满,学习是否富有趣味。如此一来,能较好地从过程与结果层面来描述美感经验,而不是主要从结果层面来间接展现美感经验。至于如何具体化美感经验,本章后续内容和第四章将做更具体深入的论述。

(三)美感经验的性质与呈现

美感经验具有丰富内涵,基于上文可发现它表现出多重特征:(1)事件性,即是一个完整的学习历程;(2)独特性,即每个人经历完整学习后获得不同的美感经验;(3)学科性,即不同学科让同一个学生得到不同的美感经验;(4)整合性,即认知与情感的统一;(5)审美性,即经验富有审美特征。

那么,如何从学习结果角度来描述美感经验?正如本章第一节所示,美感经验的课程困境在于很难被表述或呈现,就我们的研究结果,结合单元教学目标,美感经验大致存在如下几种呈现方式(见表2.1):

表2.1　美感经验的呈现方式

一般单元目标呈现方式	美感经验融入单元目标的方式		
A. 用几条学习目标表述	A1. 不单独罗列美感经验	A2. 单独罗列美感经验	A3. 不单独罗列美感经验,但融入原来目标
B. 用单元总目标 + 分目标表述	B1. 不单独罗列美感经验	B2. 单独罗列美感经验	B3. 不单独罗列美感经验,但融入原来目标

不同的呈现方式有着不同的优点与不足。对于A1、B1来说,它们比较简单,不需要教师在这方面耗费时间与精力,只需结合上述设想寻找与评价美感经验即可,但由于没有凸显美感经验,很可能会使之被遗忘。对于A2、B2来说,教师需要改变原来目标的呈现方式,而且还要明晰美感经验原来目标的复杂关系,处理好美感经验和原来目标的关系,但其优势在于能让教师明确地意识到美感经验。A3、B3介于上述两种方式之间,通常可在目标表述中增加活动描述来体现学生所得经验的完整性,其优点是能让学习活动设计更为清晰完整,不足是对教师的专业要求较高。考虑到教师专业水平和实施难度等因素,本书认为,可选择A1或B1、A3或B3。第三章将对A3或B3做进一步描述,此处不再赘述。

需要特别指出的是,这样的处理方法立足于杜威的美学理论视域,从课程教学角度来探讨美感经验。就美学而言,杜威的美学理论只是当今时代的美学理论之一,并不涉及崇高等广泛议题。因此,上述处理方法只是本书为了研究需要而规定的特殊建构,并非对美感经验全面、唯一的解释。此外,美感经验不止于科学领域,也并非皮尤特指的科学课程。

三、美感经验的常见类型

艺术丰富而多元,可包含愉悦与厌恶、美与丑等内涵,本书主要从课程领域角度关注"令人满意的"美感经验,即学生在课程学习中获得的深层次愉悦感受与体悟。这是课程诗学的起点和重要表征。通过考察,学校中常见的美感经验类型可概括为三类,即"悦耳悦目"型、"悦心悦意"型、"悦志悦神"型,其中后两者更需要学生经历一个完整的学习经验。

(一)"悦耳悦目"型

除了理性,感性也是人类认识世界的重要路径,甚至可以说,没有感性就没有理性。作为认识世界的第一过程,"悦耳悦目"型美感经验是指人类在接触外部世界的过程中,某些特定的形状、音律等耦合了人类自身的某种审美特质,于是便有了美感经验。课程中的"悦耳悦目"型美感经验,常见类型体现在三个方面。其一,课程文本在包装、印刷方面所呈现出来的美感,这是最直观的美感经验。其二,课程内容的编排形式所呈现出来的美感。在课程文本的编写过程中,通过图文结合,交相辉映,刺激学生的多种感官,使某些抽象的、隐秘的规律和事实、结构等更直观化,尤其是有些学科的插图设计蕴含着丰富的艺术内涵和美学素养,比如情景调和、黄金分割、图底聚焦、着色搭配等。其三,课程内容所呈现出来的美感。比如在文学作品中,诗词韵律的整齐有序、结构的工整对仗等,体现在朗读过程中的那种抑扬顿挫的节奏、平仄结合的音韵等,以及数理学科中的很多公式、图表的简洁、严谨与对称等,都是"悦耳悦目"型美感经验的重要形式。

(二)"悦心悦意"型

李泽厚曾说:"看齐白石的画,感到的不仅是草木鱼虫,而能唤起那种清新放浪的春天般的生活的快慰和喜悦;听柴可夫斯基的音乐,感到的不只是交响乐,而是听到那种如托尔斯泰所说的'俄罗斯的眼泪和苦难',那种动人心魄的生命的哀伤。……从有限的、偶然的、具体的诉诸感官视听的形象中,领悟到日常生活无限的、内在的内容,从而提高我们的心意境界。"[1]这就是人在欣赏具体而直观可感的艺术形式时,不会只停留在表面,而是能够通过理解和想象领悟到艺术作品所表达的内在情感。这就是悦心悦意,它是审美经验中最常见、最普遍的形态。具体到课程领域而言,"悦心悦意"型美感经验主要有如下几种形式。其一,文本意境想象之美。在课程学习过程中,很多的诗词、历史故事、情境、人物的性格、事物内部的组织结构及其运动过程等,都需要学生充分地发挥想象,才能欣赏其中的美感。比如"两岸猿声啼不住,轻舟已过万重山""红杏枝头春意闹"的生机和活力之美,"七八个星天外,两三点雨山前""小桥、流水、人家"的空旷、安静、和谐之美等,都需要通过想象而领会。其二,情感诠释之美。学生在对文本进行深入理解的过程中,要设身处地进入文本,从而领会到作者所要表达的或文本自身所负载的多元情感。因文本题材不同,这种情感可能是愉悦的、可能是悲伤的,可能是崇高的、可能是渺小的,可能是雄心壮志、可能是落寞惆怅,诸如此

---

[1] 李泽厚.华夏美学·美学四讲[M].北京:生活·读书·新知三联书店,2008.

类,不一而足。其三,秘境惊奇洞见之美。在课程知识的学习过程中,有些数据、事实、现象等所表现出来的关系往往给人带来惊奇的美感经验。比如在数学领域中,"棋盘放麦子"的故事就反映出一种惊奇美。在棋盘的第一格放 1 粒,第二格放 2 粒,以后每格放的麦粒数都是前一格的 2 倍,直至放满 64 格,即 $2^{64}-1$。粗略估计它的数量大约是全球两千年所产小麦的总和。还有一些对特殊数学问题的特定解题规律的发现和总结(如鸡兔同笼问题),一些图形中线段与线段、线段与圆周、线段与平面之间的关系,物理学科中某些特定的现象和规律,化学反应过程中所表现出来的奇异现象等,都可以让学生体会到一种惊奇美。其四,学生在学习过程中,通过自己的努力掌握了课程内容而形成的自我胜任感。通过教师激励性的言语,学生树立起自信心,进而形成自我肯定的积极愉快的心理品质等,都属于"悦心悦意"型美感经验。

(三)"悦志悦神"型

悦耳悦目主要是指人生理的感官愉悦;悦心悦意主要是在理解、想象等功能发挥的基础上表现出来的人的情意愉悦;悦志悦神则是在道德的基础上达到某种超道德的人生感性境界。"所谓悦志,是对某种合目的性的道德理念的追求和满足,是对人的意志、毅力、志气的陶冶和培育;所谓悦神,则是投向本体存在的某种融合,是超道德而无限相同一的精神感受。所谓超道德,并非否定道德,而是一种不受规律包括不受道德规则、更不用说不受自然规律的强制、束缚,却又符合规律的自由感受。"[1]也就是达到了孔子所说的"从心所欲不逾

---

[1] 李泽厚. 华夏美学・美学四讲[M]. 北京:生活・读书・新知三联书店,2008.

矩"的境界。这种类型的美感经验,在课程中主要表现为"学生在课程学习过程中树立起来的崇高的道德追求和坚定的信念意志、淡泊名利的精神和人生处事态度、以出世的精神做入世的事业等精神和追求"①。比如学生在阅读钱学森、袁隆平等人的故事后,自我生发出"我也要像他们一样"的崇高感;在学习中华文明的辉煌成就时,生发出的自豪感;在学习中华民族的苦难史和抗争史的时候,所生发出的历史责任感和使命感等等。这些感受是与悦心悦意中情感的激发紧密相关的,也是对各种情感要素的升华,这就与道德建立起紧密的连接。所以,悦志悦神也表现为一种道德规则、自然规律的自觉内化与遵循,不会出现有违道德规则、破坏自然规律的行为,与自然、社会完美地融合在一起,是天人合一的大美境界。

悦耳悦目、悦心悦意和悦志悦神的美感经验,既是课程美感经验的三个类型,也呈现出逐级递升的层次关系:从悦耳悦目走向悦心悦意,从悦心悦意走向悦志悦神。但这并不是说,相比悦心悦意与悦志悦神,习得悦耳悦目较为简单快捷。它们并非完成独立,而是有时体现于同一节课,甚至同一个活动。总体上,后两者需要在教学活动中让学生经历一个完满的经验才能获得。"悦耳悦目、悦心悦意和悦志悦神三者虽然有区别,却又不可截然划开,它们都助成着也标志着人性的成长、心灵的成熟。"②由此也表征着美感经验对个体人性的发展和成熟的独特意义及价值。

---

① 夏永庚.课程哲学导论[M].长沙:湖南师范大学出版社,2018.
② 李泽厚.华夏美学·美学四讲[M].北京:生活·读书·新知三联书店,2008.

四、美感经验的课程价值

美感经验是一种高级情感,是理智感、道德感和审美感的复合体。因此,美感经验的生成有单纯地掌握某种知识与技能所不能实现的课程价值。

(一) 美感经验的生成有利于个体诗性智慧的启迪

知识的掌握本身并不一定带来个体智慧的启迪,但美感经验的生成则一定导向智慧之门。易中天认为教育的最高境界绝不是传授知识,也不是传授方法,而是启迪智慧。在他看来,传授知识好比录入数据,知识再多,也只是个光盘或信息存储器;传授方法好比是拷贝程序,这比录入数据要好很多,但还没有创造性;启迪智慧好比是设计程序,可以根据需求进行任意的创造和发明,这才是教育的最高境界。[①] 但从具体的学习美感经验来看,它是如何启迪智慧的呢?

学生的学习过程,有顺畅的时候,也有受阻的时候。在学习顺畅时,学生的心情是愉快的,情绪是高昂的,这有助于进一步强化学习兴趣和积极性,个体的求知欲将一直处在高位。在学习受阻时,学生的心情是紧张的,情绪是焦虑的;也正是这种学习受阻,进一步影响着学生思维的投入。当学生通过自己的思索和探究,成功突破学习阻力的时候,其所获得的情绪体验是更加高昂的,甚至是亢奋的,是一种"经历着一个瞬间的生命力的阻滞,而立刻继之以生命力更加强烈的喷射"[②]的快感。这种经过努力而冲破学习阻力获得的体验,比那种

---

① 易中天.破门而入——美学的问题与历史[M].上海:复旦大学出版社,2006.
② 凌继尧.西方美学史[M].上海:学林出版社,2013.

顺畅情景下的心理体验,要更加强烈而深刻。这就是学习过程中典型的美感经验,是与学习者长时间的"悟"分不开的,是思维过程中的"灵感乍现"。当"学习者了解到有意义的关系、理解了一个完形的内在结构、弄清了事物的真相,会伴有一种令人愉快的体验"[1],这是一种更有意义、更有价值的学习。这种美感经验的获得,其实也就表征着一种思维品质的提升,意味着更广泛的迁移性。在学习过程中,学生碰到的或许更多的是知识问题,但每个人又都会时时刻刻面临着各种各样的人生问题、社会问题等,这些问题都需要人去理解和参悟,并做出自己的选择和回答。根据冯契对智慧的解释,智慧是人类对"人道"和"天道"的一种理解和领悟。人道表现为人类生存发展之道,天道表现为天体自然运行、生生不息之道;一个指向内,一个指向外,且都是形而上的哲思问题,需要人类付出长时间的沉思与探索,没有悟的功夫是做不到的。所以,通过美感经验的创生,提升学生的思维品质,并最终实现向智慧的超越,这是当前培育学生学习美感经验的重要诉求。当前中国学生缺的不是知识,而恰恰是这种关于"人道"和"天道"的大智慧!

(二) 美感经验的生成有利于道德情操的陶冶

知识的掌握本身并不一定意味着个体道德情操的同步提升,而美感经验的获得则一定会陶冶个体的道德情操。朱光潜就非常强调以美育德的重要性,重视审美对国民人性的改造作用。他认为,中国古代的礼乐教化,其实都属于美感教育的范畴,其目的在于"内心和谐,行为有序"。"乐的精神在和

---

[1] 施良方.学习论:学习心理学的理论与原理[M].北京:人民教育出版社,1994.

谐,礼的精神在秩序,这两者中间,乐是更根本的,没有和谐做基础的秩序就成了呆板形式,没有灵魂的躯壳。内心和谐而生活有秩序,一个人修养到这个境界,就不会有疵可指了。"[1]因此,通过美育让学生获得丰富的美感经验,对个体的道德品性、人格修养的陶冶作用是非常重要的。朱光潜在分析清末民初动乱时局时指出,最根本的原因是人坏了,人心和人性坏了;而要使人心和人性变好,一个重要的方式就是开展美育,传承古代礼乐之教的优势,因为这种"内具和谐而外具秩序的生活,从伦理观点看,是最善的;从美感观点看,也是最美的"[2]。

"事实上,审美经验对人类来说是如此的重要,它使得人们对美的感悟能够持续地得到维护……甚至面对创伤和死亡,审美经验能够像精神氧气给你生存的意义。"[3]很多时候,"审美经验"就像是一副灵丹妙药,寄托着人们的追求,也表征着人们的精神境界。苏轼在被贬黄州期间,留下了很多的名篇佳作,被广为传诵的《念奴娇·赤壁怀古》就是其中的典型代表;柳宗元在被贬永州期间,有了《小石潭记》流传于世;文天祥在危难献身之际,更是发出"人生自古谁无死,留取丹心照汗青"的传世名言。美感经验,不仅表征着各自不同的精神世界,也是个体精神世界的皈依所指。"在一个其他各个方面都是冷冰冰的物质主义和法则规定的世界里,审美经验成了一个自由、美和理想意义的孤岛;它不但是最高愉快的惟一所

---

[1] 朱光潜.朱光潜全集(第9卷)[M].合肥:安徽教育出版社,1993.
[2] 杜卫.论美育的内在德育功能[J].社会科学辑刊,2018(6):48-60.
[3] 李春媚."审美经验"再认识[J].社会科学战线,2013(3):40-44.

在,而且是精神皈依和超越的一种方式。"①在今天这样一个浮躁、功利的时代,通过美感经验的培养来形塑学生的精神世界,显得尤为重要而迫切。"审美经验始终面向审美主体的精神境界,并保持着开放性、提升性的品格,使人的审美活动得以不断获得提升,这也构成了审美经验最基本的价值与意义。"②

(三) 美感经验的生成有利于核心素养的提升

知识的学习本身并不一定会导向审美,但美感经验的生成却是提升核心素养的直接方式。提升全体学生的素养,实现以美育人、以文化人,是当前我国非常重视的目标和任务。2016年发布的《中国学生发展核心素养报告》指出,要培养学生健康的审美情趣,要求学生具有艺术知识、技能与方法的积累;能理解和尊重文化艺术的多样性,具有发现、感知、欣赏、评价美的意识和基本能力;具有健康的审美价值取向;具有艺术表达和创意表现的兴趣和意识,能在生活中拓展和升华美等。对学校教育而言,让学生在知识学习的过程中获得美感经验,进而发展起良好的审美素养,是一个直接而有效的方式。

积极健康的审美情趣和良好的审美能力是审美素养的主要表现。审美情趣包括审美情感和审美趣味。审美情感指在审美的过程中获得的众多情感体验,审美情感的酝酿是激发审美体验的重要因素。审美趣味则是个体对审美对象的一种选择,由于个体价值取向不同,在审美趣味的选择上就体现出

---

① 理查德·舒斯特曼.生活即审美:审美经验和生活艺术[M].彭锋,等,译.北京:北京大学出版社,2007.
② 李春媚."审美经验"再认识[J].社会科学战线,2013(3):40-44.

所谓积极健康的高级趣味和低俗、媚俗的低级趣味。而学生积极健康的审美趣味的形成与学习过程中教师的正确引导有着密切的关系。审美能力主要包括鉴赏能力和表达能力。鉴赏能力指审美主体能够根据自己的专业知识和背景,对审美对象做出有效的评价和鉴赏;表达能力指审美主体能够以某种艺术化的方式合理且有效地表达自己的审美体验,或者某种价值追求、精神寄托等。不管是鉴赏能力的熏陶,还是表达能力的培养,都需要建立在个体的美感经验基础之上,尤其是表达能力,必定是主体在表达自己的或者感同身受的美感经验。"审美经验不仅潜在地导引着人们对美的认识,培养和提高人们审美感受的能力,还能激励人们进行审美创造,改造现实,使文化世界趋于完善,从而具有指向未来的倾向性。审美经验将情感、想象、理解、实践、社会与教育等诸多因素融合为一个具有审美形式的综合整体,以最使人印象深刻的方式将一些社会价值引入其中,成为人们精神资源和生命中无法分离的构成因素。"[1]这个过程,其实既是提升审美素养的过程,也是形塑人的价值观和精神世界的过程,是通向诗性生活的必经之路。

---

[1] 李春娟."审美经验"再认识[J].社会科学战线,2013(3):40-44.

第三章　美感经验何以可能：基于观念的教学

落实美感经验需要适切的教学，传统的封闭教学思维无法让美感经验得以实现，这需要一种开启智慧的教学思维。在思维方式上，落实美感经验呼吁诗性思维，超越计算性思维。在具体教学方式上，美感经验需要诗性教学，基于观念的教学为此提供一种可行的选择。围绕基于观念的教学，本章试图重点回答何谓基于观念的教学、如何开展基于观念的教学。

一、从诗性教学谈起

诗性教学可追溯至博尼特(M. Bonnett)对于人类思维方式的讨论，诗性教学是对计算性思维(calculative thinking)的超越，对诗性思维(poetic thinking)的回应。计算性思维源于理性主义(rationalism)传统，注重计划与控制；诗性思维源于海德格尔(M. Heidegger)的存在主义(existentialist)，注重生存与意义。两者的区别见表3.1[①]：

[①] BONNETT M. Children's thinking: promoting understanding in the primary school[M]. London: Cassell, 1994.

表 3.1　计算性思维与诗性思维的比较

	计算性思维	诗性思维
对待事物的立场	热衷自我目的	欢庆态度
	目标导向	开放好奇
	从解决问题的角度来分析事物	直观事物整体并接纳其原貌
	将事物转化为可管理而熟悉的明确对象	接受事物的特殊性
引发的情感与目的	分类、定序、澄清事物的满足感	对万物的神秘、敬畏、惊奇、着迷和冥想
	影响事物	接受事物给予的影响
	控制取向	承认自身的脆弱
	提出事实陈述	提倡实在
	寻找用来判断正误的真理	寻找揭示事物的真理

两种思维方式一般共存于每个人身上，并非处于全有全无的状态。事实上，两种思维方式各有其适用的领域，虽有差异，也有重叠，一般人可能倾向于某种思维方式。然而，在当今科学技术盛行的时代，强调计算、分类、实效的计算性思维获得压倒性胜利，而强调思想开放、回应事物、重视联系的诗性思维并没有得到应有的关注。

要培育诗性思维，诗性教学是关键所在。诗性教学观隐含着三项重要假设：(1) 相信学生都有神秘而不可预测的潜能，能为自己获得美好的生命而努力；(2) 以学生关注的事物为教学起点，关注学习的主体性和生命的真实关联性；(3) 引导学生回应文化、传统及各种事物的挑战，以吸收完成生命发展任务的养分，体悟到自身与万物休戚相关的关系。实际操作中，诗性教学将激发学生对世界万物的好奇，意识到人类与自身的有限性，重视知觉与感受，兼重身体与大脑的学习，鼓励学生探究学习与自由想象,引导学生开放自我,尊重差异。就我国实际情况来看,目前应试教育盛行,注重低阶思维的训练,忽视学习兴趣,填鸭式教学很难让学生获得学习的乐趣。当前盛行的教学评价更是强调标准,追求操作透明简洁以方便计算、考核,这种典型的计算性思维只关注标准是否达成,无视学生的真实学习情况。上述三个假设表明,诗性教学注重教师、学生、学习内容(包括教学目标、教学内容与材料),三者构成图3.1所示的关系。① 图中每个维度都是两两关联,包括教师—学习内容、教师—学习者、学习内容—学习者。每个维度相交之处的"?"意指将会生发生无穷可能,即句法规则可能松动的"美妙瞬间"。这种关系蕴含着:(1)诗性教学是开放的,容许学生/教师依据自己的学习/教学节奏设定各自的目标;(2)不仅重视学生的内在声音,也重视对学生提出学习挑战;(3)引导学生领会各种事物的丰富性,维持学生的学习热情,促进学生进行有价值的学习。②

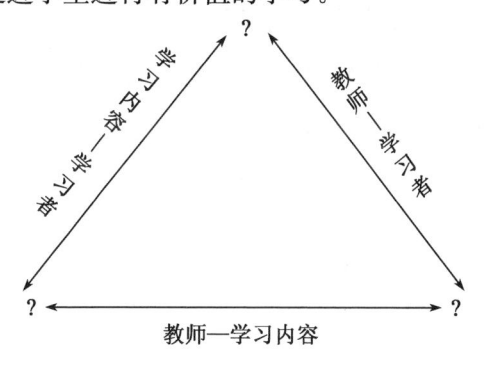

图 3.1　诗性教学中三元关系

---

① BONNETT M. Children's thinking: promoting understanding in the primary school[M]. London: Cassell, 1994.

② BONNETT M. Children's thinking: promoting understanding in the primary school[M]. London: Cassell, 1994.

基于我国的教学现状,当下需要加大对诗性思维的重视。就落实美感经验来说,它与诗性教学的旨趣、指向、实施方式是一致的,完全可以通过诗性教学来落实美感经验。诗性教学有着不同的表现方式,有着各种各样的教学方法与实施策略,本书所提倡的基于观念的教学可算其中的一种选择,它能丰富学生对于事物的感知,习得与生活息息相关的知识,无论学生还是教师都能从对话与合作的过程中获得养分,得到更大的解放。

二、诗性教学的实现:基于观念的教学

落实美感经验并非易事,基于观念的教学(ideas-based teaching)能为此提供一种选择。就此,需要回答基于观念的教学由何而来、内在逻辑何在、有何基本特征。下面围绕这三个议题展开论述,从中可以看出基于观念的教学确实能促进美感经验的实现。

(一) 基于观念的教学的发现

基于观念的教学较早可追溯至杜威思想。从《艺术即经验》中可看出,当时杜威的主要意图之一在于探讨如何获得美感经验。其背后的思考是:若要产生美感经验,学习历程需要富有吸引力。这要求教师为学生提供一个具有激励作用的期望,从而从情感上推动学生不断深入学习。而期望不是凭空产生的,需要教师创设观念(idea)。在此,观念成为获取美感经验的关键所在。

为了更好地澄清观念,杜威比较了观念与概念。观念不是现成的结论或研究结果,而是引导学生探究的一个观点或设想,应用或产生于学习历程。例如课堂上学生说:"啊哈,我有新主意了!"这往往表示经验的开始。这里的观念乃是一种

可能性,并非一个确定的结论,而是需要加以验证的观点或设想。概念定位的学习目标通常为精确的表征。与之相反,观念定位的学习目标帮助学生在观念的引导下生活,与之共存于世界。例如,在高中科学课堂上,一位学生突然惊叫:"我有一个想法,达尔文进化论中的差异性很重要,那么这是不是意味着人群的差异或多样化对于人类的适应性同样重要。"①该例中的即时想法就是一个观念,它是能够推动学习的激动人心的能量,帮助学生富有活力地进行身体活动或思维想象。相反,概念则通常表现为认知现象,而不是表现为行为、情感和情感综合体现象,一般被作为静态的表征,而不是作为事件或参与的世界方式。② 因此,要通过学习发展学生的审美能力而不仅仅是概念认知,这个目标能否实现在很大程度上取决于教学是否围绕观念而非概念。

由此可见,按照观念开展教学有助于落实美感经验。这种思想得到诸多学者的支持,例如美国密歇根州立大学杜威思想小组就非常热衷于应用杜威思想进行教学研究。曾作为该小组成员的皮尤早期就用故事展开和知觉拓展来隐喻观念的作用,间接地论述如何开展基于观念的教学。后来,皮尤进一步丰富了基于观念的教学,提出更具操作性的教学实施架构"科学美感经验教学模式"(Teaching for Transformative Experience in Science,TTES)③。该模式表明基于观念的教

---

① WONG D, PUGH K J. Learning science: a Deweyan perspective [J]. Journal of research in science teaching, 2001(38): 317-336.
② WONG D, PUGH K. Learning science: a Deweyan perspective[J]. Journal of research in science teaching, 2001(38): 317-336.
③ PUGH K J, BERGSTROM C R, KROB K E, et al. Supporting deep engagement: The Teaching for Transformative Experience in Science (TTES) model [J]. Journal of experimental education, 2017(85): 629-657.

学能促进美感经验的落实,引发学习热情。从实际情况看,基于观念的教学开始在美国不少学校得到实践,逐渐得到教师认可。

(二) 基于观念的教学的内在逻辑

之所以基于观念的教学能促进美感经验的落实,这源于其内在逻辑——围绕观念具有推动期望的特征,学生通过观念实现探究学习,行动中运用反省思维获得完满的经验,进而把所学的经验扩展至校外空间(见图3.2)。这可从三个方面加以论述。

图3.2 从观念到美感经验的内在逻辑

一是通过观念实现探究学习。观念具有学科性,即观念指向与期望相关的学科或课程内容[1],这确保了学生所学的内容指向学科。与此同时,观念还能促发行动,这是因为,观念等同于可能性,它能产生期望——关于什么可能被发现、解释、揭示或忽略[2],而期望如同计划导向行动[3]。一旦观念形成,将会通过行动测试它的可行性,如果不具有可行性,观念则仅仅是想象。探究过程中,学生通过试验观念来开展新的

---

[1] WONG D, PUGH K J. Learning science: a Deweyan perspective [J]. Journal of research in science teaching, 2001(38): 317-336.

[2] DEWEY J. Art as experience [M]. New York: The Berkley Publish Group, 1934.

[3] HOOK S. John Dewey: an intellectual portrait [M]. Amherst, NY: Prometheus, 1939.

观察、反思、识别情境，综合过去、现在与将来，从而实现在行动中反省、在反省中行动。①

二是在探究学习中获得完满的经验。观念富有情感性，观念的情感关联着期望的情感，后者源于参与特定观念，持续推动并统一经验走向完满。②这种情感伴随着观念的展开过程，直接创造了期望的情感。学生被邀请参与教学过程，持续产生兴趣，进而融合经验中的知性与感性，在感情和价值上认同学科。在教学中，如果探究学习没有被中断，当阶段性学习结束时，学生将获得完满的情感性经验，即杜威美学意义上的一个经验。一个经验正是学生与外界互动的结果，意味着美感经验的诞生③，或者说探究学习不仅是认知的，还是审美的。

三是扩展经验至校外空间。在课堂上，教师设计情境以邀请学生参与解决问题，这些情境来自学生周围的环境。对这样的内容，学生自然乐意参与研讨，了解所学知识与自身所处环境的关系。一旦学生获得美感经验，他们就会加深对学科的认同，扩大对世界的知觉。例如，一位学生在学校学习了物理概念"惯性"，他不会止于在考试中取得高分，而是会主动地在生活中发现与惯性相关的物理现象，并用惯性来解释这些现象。换言之，学生会把学习与生活联系起来，用所获得的经验来理解生活中的现象，体现了经验的教育性。

---

① HOOK S. John Dewey: an intellectual portrait [M]. Amherst, NY: Prometheus, 1939.
② DEWEY J. Art as experience [M]. New York: The Berkley Publish Group, 1934.
③ GIROD M, WONG D. An aesthetic (Deweyan) perspective on science learning: case studies of three fourth graders [J]. The elementary school journal, 2002(102): 199-234.

从观念开始进行探究学习到获得完满经验,再到扩展经验空间,概要地描述了基于观念的教学的内在逻辑。如果深入思考,可发现这种内在逻辑实质体现了杜威念兹在兹的一个经验、反省思维、教育性经验,它们正是理解美感经验的关键。

(三)基于观念的教学的基本特征

基于观念的教学具有自身特质,本书在已有研究[①]的基础上,总结出基于观念的教学的五个基本特征,分别是以美感经验为学习结果、以观念激发学习期望、以知觉为重要学习手段、以问题解决统一真善美、以合作学习促进共同发展。

1. 以美感经验为学习结果

课堂教学有着自己的诉求,除了求真求善,还需要求美。美感经验理应成为课堂教学的内在诉求。传统意义上,由于受自然科学影响,教育心理学过分讲究技术和程序,缺乏对人的意义的追问。其实学习不止于理性与心理活动,还有行动和情感因素,它们让教学富有生气。正是在完整的做与受中,学生主动地与他人、社会互动,还参与到世界之中,从而让生命鲜活。换言之,学习改变了人与世界的关系,即随着学习行为的发生,学生将改变对世界的认识,用一双慧眼重新打量世界,对世界充满好奇与兴趣,进而与世界形成新的关系,这又

---

① 参见:GIROD M, WONG D. An aesthetic(Deweyan)perspective on science learning:case studies of three fourth graders[J]. The elementary school journal,2002(102):199-234;PUGH K J. Transformative science education:change how your students experience the world[M]. New York:Teachers College Press,2020;PUGH K J. Teaching for transformative experiences in science:an investigation of the effectiveness of two instructional elements[J]. Teachers college record,2002,6(104):1101-37.

进一步推动后续关系的改变。这表明学习使学生具有世界想象与自我想象,具有审美的维度,即表现为诞生完满而独特的美感经验。具体至操作层面,由于美感经验相对比较抽象,因此很难直接撰写出具体的学习结果/学习目标,也很难为美感经验的评价提供指向。本书认为,不妨转化一下视角,从"如何撰写美感经验的学习结果"变为"具有美感经验意味着什么",从学生能做什么来体现美感经验的内涵。结合第二章美感经验的呈现方式,基于上述的分析,可以看出尽管在教学目标中不需要单独罗列出美感经验,但可在课后从三个方面来衡量学生的美感经验,即主动应用(学生能把学习所得应用于校内外)、知觉扩展(扩大对世界的认识)、学科认同(增加对课程的学习兴趣和价值认同)。[1]

2. 以观念激发学习期望

学生的学习不仅包含了认知因素,还包含了情感因素,它们整合于活动过程之中。认知需要情感的支持,认知发展也会激发情感的产生,两者相互促进。在这个过程中,学习期望起着助力作用。但期望并非凭空产生,它需要观念来激发。正如上文所述,观念让学生投入学科领域,引导他们进行学科实践,确保他们对学科实践的情感与兴趣。这实际上是与问题解决紧紧缠绕在一起的,问题解决的背景包含了需求、想象和兴趣。个体与环境的交互是问题解决的必经历程,学习即培养反省思维[2],学会解决问题,即通过解决问题实现知识的更新与运用。当学生怀有兴趣、充满好奇地开展探究时,能很

---

[1] PUGH K J. Transformative science education: change how your students experience the world[M]. New York: Teachers College Press, 2020.

[2] 杜威. 我们怎样思维·经验与教育[M]. 姜文闵,译. 北京:人民教育出版社,2005.

好地消解填鸭式学习的机械与枯燥,学习具有了灵性与人性。而问题解决的愿望及其所产生的满足感使得学习充满乐趣,学生由此获得审美体验,为进一步主动学习提供可能。由此可见,从发生历程看美感经验,其势必产生于问题解决的过程,是富有意义的深度学习的展开结果。

3. 以知觉为重要学习手段

美感经验来自感官的感觉,这包含了听觉、触觉、嗅觉、味觉等,进而生发出知觉。相比知觉,辨识是为了做出区分,例如比较两个概念的共性与差异。而知觉不是如此,它让我们整体地把握事物,更让我们放任身体与思想,以新鲜生动的眼光重看世界。实质上,知觉将某种意义置入不具有意义的东西之中。[①] 此外,知觉与辨识的差异还在于,知觉不仅是感觉,还意味着情感投入。通过知觉,学生与审美对象产生交互认知和情感层面的交流,然后在诠释理解后开展审美判断或行动。可见,美感可来自感官的感觉,传统的视觉优位学习并不是唯一的学习方式,听觉、触觉、嗅觉、味觉等感觉在美感经验的发生中具有同等重要的地位。如果要增加教学中美感的成分,需要发挥知觉的作用,尤其是以观念来重新感知世界。例如,学生学习了科学观念"物体的运动具有惯性",并把它应用于生活中遇到的各种习以为常的现象或事件之中,长此以往,他就改变了看待世界的方式,进而感知到世界另一丰富的内涵。这就具有了艺术的品质。

4. 以问题解决统一真善美

一个经验的形成过程通常也是问题的解决过程,经验的

---

① 梅洛·庞蒂. 梅洛-庞蒂文集(第8卷):眼与心·世界的散文[M]. 杨大春,译. 北京:商务印书馆,2019.

形成需要依托问题解决。一般认为,问题解决(包括五个过程:提示—理智化—形成假设—演绎推理—验证)是关于智性的,只被当成认知。事实上,一旦问题得到完美解决,它本身就融合了真善美。

这是因为,在道德方面,利用知识解决一个社会问题,本身已意味着善。而问题解决需要与他人合作,需要共同成长,这本身就具有善的因子。在美感方面,问题的解决需要想象力,成功解决问题的完满经验即美感经验。换言之,经验不只是认知的,它要包括美的成分才算是完满。就此,杜威在解释艺术活动时,就用了问题解决方法:一个组织良好的科学探究在试验中有所发现,在探索中得到发明。而对话、喜剧、小说和建筑,如果有组织良好的经验,会达到一个阶段,能同时记录和总结已经完成的,并且导出和预测未来要怎么做。每个阶段的结束都有个警醒(awakening),而每个警醒也解决了一些问题。① 这种问题解决的过程就是审美的表现过程,也就是情感的产生过程。这种情感不是预定的,而是展现于问题解决的过程。问题解决能够使学生获得美感经验,拓展他们的视野,改变他们观看世界的方式及与世界的关系。可见,如果把问题解决加以泛化,每个行为都具有真善美的因子。

5. 以合作学习促进共同发展

为什么需要合作学习?佐藤学认为,不组织合作学习,每个人的学习就不能成立;要提高每个人的学习能力,合作学习不可或缺。进而他指出,所谓学习是同客体(教材)、他人(教师和同学)、自己的相遇与对话。当学生与他人合作时,将同

---

① DEWEY J. Art as experience[M]. New York:The Berkley Publish Group,1934.

多样的思想碰撞,实现同客体(教材)的新的相遇与对话,从而产生并完善自己的思想。从这个意义上说,学习原本就是合作性的,原本就是基于同他人合作的"冲刺与挑战"。[①]

学校就是合作场所,教育就是合作的事业。学习具有社会维度,这在课堂上表现为学生之间的合作。合作学习是学生之间以共同提升各自学业水平为目的,采取平等协作方式完成学习任务,在合作过程中以民主方式讨论问题与寻找解决方案,相互帮扶,最终实现各自学习诉求的学习方式。合作学习既有个人建构,也有小组建构。同时,合作过程中个人不仅要努力发展自己,而且要对其他同学的成长负有责任。例如,开展同伴或小组互评时,尤其是长时间的合作互评,需要制定学习契约。契约内容可能包括对其他同学的学习负有一定的责任、坚持互评等。在具体操作中,学生需要认真履行互评的规定,观察同伴的表现或作品,对照评价标准发现同伴在学习中存在的问题,并能以合适的方式提供反馈建议。

三、设计基于观念的教学:框架及剖析

(一) 基本框架

上文表明,观念能推动学生经历完整的探究过程,基于观念的教学能落实美感经验,为美育导向的单元设计提供一种可能。那么,具体至操作层面该如何设计基于观念的教学?在此,本书提出"确定单元学习结果—设计单元评价—选择有意义的教学内容—引发推进探究的观念—提供示范与支架"的基本框架,其中确定单元学习结果是起点,后续四个环节是

[①] 佐藤学.学校的挑战:创建学习共同体[M].钟启泉,译.上海:华东师范大学出版社,2010.

在其关照下展开。为便于表述,可称之为"1+4"设计框架。

这里需要指出的是,教学实践并非完全按照设计框架进行,更可能是把评价行动置于后续阶段;设计过程中,并非亦步亦趋地完全按照各个环节依次进行,关键是体现总体精神,例如可以把后面三个环节整合为学习活动设计来呈现,单元学习结果与评价方案也可以是弹性的;设计框架是一种思考方式,可以应用于单元方案设计,也可以应用于课时教案设计。

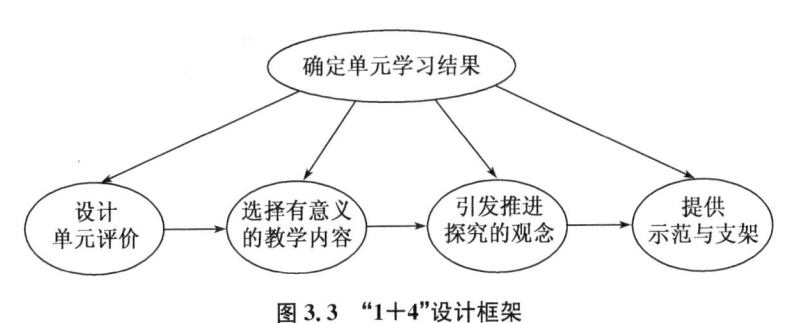

图3.3 "1+4"设计框架

(二) 环节剖析

1. 确定单元学习结果

在素养导向背景下,大观念(big idea)广泛地应用于当前的单元设计,单元目标可通过大观念获得。所谓大观念是指代表基本学科/课程的思想与观念,内在地整合了碎片化知识,能加深学习的深度,有利于学生迁移。[①] 在学科课程中,大观念主要来自课程标准,可通过研究学科内容标准而得。得到大观念后,还需要把它转化为单元学习结果。例如,对于

---

① BROOKS M G, BROOKS J G. The courage to be constructivist[J]. The constructivist classroom,1999, 57(3): 18-24.

大观念"细胞是生物的基本单位",为得到单元学习结果可能采取如下措施:先理解"细胞是生物的基本单位"的概念,并应用其解释相关生命现象来构成这个单元总的学习结果;然后,为了更好地开展教学,进一步确定具体的学习结果;最后,用子目标和总目标一起构成单元目标。那么,这样的单元学习结果是美育导向吗?显然,这种单元学习结果更多的是认知导向的,需要在此基础上增加美感经验方面的学习结果。

美感经验不仅包含了认知因素,还包含了情感因素,而且它们还是整合在一起的。这给美感经验的描述带来了极大困难。为此,本书认为在呈现方式上,可用两种方式来呈现单元学习结果:(1) 大观念的学习要求及其子要求;(2) 大观念的学习要求及其子要求+凸显出美感经验的学习要求。第一种比较简单,下面重点论述第二种。在第二种表述中,对于前半部分教师相对容易把握,对于后半部分,考虑到美感经验强调经验的完整性,通常产生于情境性问题解决的过程中,可以用活动来强调。因此,本书建议采取如下叙写方式:描述出教学单元关键活动的完整过程,尽可能体现知觉与认知的方式。例如某单元的大观念为"科学探究",学习结果包括如下单元总体目标和单元具体目标,其中就凸显了完整的情境性活动:

单元总体目标:(1) 理解并实施科学探究的基本过程(大观念"科学探究"的学习要求);(2) 理解并应用加速度概念解决问题(大观念"加速度"的学习要求);(3) 初步养成科学探究精神(大观念"科学精神的学习要求")。

单元具体目标:(1) 为掌握科学探究,学生需要在观看视频后,完成探究活动,提出假设,设计实验方案,操作实验仪器,收集与处理数据,得到结论;(2) 理解加速度的内涵、意义;(3) 结合具体情境,用加速度来解释相关生活现象;(4) 体会科学探究的严谨性与合作性。

实质上,这两种呈现方式分别体现了表 2.1 的 B1、B3 的呈现方式,它们比较适合应用于强调大观念的单元设计。

在此,有必要探讨美感经验和三维目标中情感态度价值观的关系。本书认为,在课堂探究过程中,学生获得知识技能和情感态度价值观,它们是同时发生的,统合于学生的能力素养之中。这里的情感态度价值观离不开知识技能的获得,它们实际是绑在一起的,为了便于叙述,把三维目标中情感态度价值观进行单独撰写。而美感经验正是学生在获得知识技能与情感态度价值观的过程中所产生的体验,特别是当这种体验包含了一定程度的美感时,自然就具有了美感经验。

2. 设计单元评价

单元学习结果为单元评价设计提供了指向,单元评价方案不仅要评价知识技能,也需要评鉴美感经验。本书在此主要采取了逆向教学设计思维方式,把评价设计先于教学环节设计。

评鉴美感经验可采用正式方式与非正式方式。前者如单元教学结束后进行问卷调查,后者如课堂上的提问,从中了解学生对所学内容的感受与认知。本书主要关注前者。在评鉴中,评鉴内容至关重要。例如,如果把"主动应用所学知识于生活之中"视为学生具有美感经验的体现,在单元教学结束后可用表 3.2 的问卷内容调查美感经验。该问卷设计了四种水平量表:1 代表强烈不同意,2 代表不同意,3 代表同意,4 代表强烈同意。学生需要阅读表 3.2 第一部分的 6 题并做出选择[1]。除问卷外,访谈也是评鉴美感经验的有效方法。限于篇幅,此处就不再展开论述。

表 3.2 美感经验中"主动应用"维度的问卷

第一部分 通用于不同学科的问卷				
1. 在课堂上,我发现学习概念有趣。	1	2	3	4
2. 我觉得这门课程是有趣的。	1	2	3	4
3. 在课堂上,我思考如何把这些概念应用到真实世界的物体和事件中。	1	2	3	4
4. 在课堂上,我应用所学知识。	1	2	3	4
5. 在班级里,我注意到一些有关概念的例子。	1	2	3	4
6. 在班级里,由于学了新概念,我对于一些物体或事情有着不同的思考。	1	2	3	4
第二部分 针对具体学科的问卷				
1. 在课堂上,我发现学习地理概念有趣。	1	2	3	4
2. 我觉得地理是有趣的学科。	1	2	3	4
3. 在课堂上,我思考如何把地理概念应用到真实世界的物体和事件中。	1	2	3	4
4. 在课堂上,我应用所学的地理知识。	1	2	3	4
5. 在班级里,我注意到一些有关地理概念的例子。	1	2	3	4
6. 在班级里,由于学了地理概念,我对岩石和地形有着不同的思考。	1	2	3	4

---

[1] PUGH K J. Transformative experience measure for teachers[EB/OL]. https://learningandexperienceblog.wordpress.com/transformative-experience/, 2019-12-16.

3. 选择有意义的教学内容

确定单元学习结果后还要选择有价值的教学内容。这些教学内容通常指向学科核心概念，内容形式多样，对学生具有吸引力。例如，在物理教学中可运用物理学史，让学生在故事中感受与领略物理学发展进程中的"前尘往事"。或者，可以呈现一些冲突事件来让学生进行价值观思考与行为选择；再或者，让学生进行角色模拟，如模拟法庭。

按通俗理解，有意义的教学内容立足学科，指向知性与感性学习结果，紧扣学科概念，富有新奇性。有学者专门就教学内容的意义化进行研究，提出表 3.3 所示的研究成果[1]。该表描述了有意义的教学内容所包含的基本性质、教学价值，以及相关的核查问题。从中可以发现，若要美学化，教学内容需要来自学生生活，让学生产生学习期望，兼重理性思考与知觉感受，很好地为开展基于观念的教学提供参考。

表 3.3 美感经验导向的教学内容

基本性质	教学价值	核查问题
1. 与学生生活紧密关联：教学内容与每位学生的生活息息相关。	帮助学生把所学内容与现实生活联系起来。	1. 该内容能丰富学生的日常生活吗？ 2. 学生会关心与该内容相关的事情吗？ 3. 该内容能允许学生以富有意义的新方式来看日常事物和事件吗？ 4. 该内容能增强学生的能力吗？ 5. 该内容能帮助学生解决吸引他们的问题吗？ 6. 该内容处于学生的情感发展区吗？

---

[1] PUGH K J. Teaching for transformative experiences in science: an investigation of the effectiveness of two instructional elements[J]. Teachers college record, 2002, 6(104): 1101-1137.

(续表)

基本性质	教学价值	核查问题
2. 吸引学生投入学习：教学内容能唤起学习期望。	推进学习进程。	1. 该内容能增加学生的学习期望吗？ 2. 该内容能让学生惊叹吗？ 3. 该内容能让学生好奇吗？ 4. 该内容混合了恐惧和着迷吗？ 5. 该内容包含了惊奇和怪诞的内容吗？
3. 兼重理性思考与知觉感受：教学内容不仅重视理性与逻辑等认知因素，还重视各种感官带来的知觉。	以"做中学"促进学生感受到世界的丰富性。	1. 该内容体现于问题解决的过程吗？ 2. 该内容体现各种知觉了吗？ 3. 该内容要求学生深度思考吗？

4. 引发推进探究的观念

教学内容为单元设计提供了内容，它们为美感经验的产生提供了好素材。但仅有好素材还不够，还需要把这些素材组织起来，使内容与形式得以统一。这就要求对教学内容进行处理，使之成为观念，从而为学生基于观念开展探究提供可能。

实践中，可采取如下五种策略①把教学内容观念化。一是声明期望和价值。观念的本质在于期望，它推动了学习历程。课堂上，教师可设计一些精彩的导入来激发学生的学习期望。例如，在关于彩虹的科学课堂中，一位教师提出了如下引人遐想的声明："大家都观察过彩虹，但你们之中只有少数

---

① PUGH K J. Transformative science education: change how your students experience the world[M]. New York: Teachers College Press, 2020.

人真正领会过彩虹！领会和观察不同,今天我们一起来领会彩虹,我们的生活将因此有所不同。因为你的知识增加了,你将比许多人看到更多,从而领会彩虹隐藏的美。"声明所学内容的价值也是组织教学内容的一种观念化处理,它能让学生初步感受所学内容的价值,进而产生努力学习的愿望。二是强调学习的目的在于经历过程。学习并不是简单地获得一个概念,更为重要的是获得概念的过程。这体现了学习是种旅行的理念。例如,某生物单元教学伊始,教师设计了如下开场白:"什么是科学？我个人认为如果科学学习不能让我们领会生活中更多的意义,那么科学学习并没有太多价值。本单元将帮助大家领会生活中有趣的事情。"三是提供精彩的隐喻。隐喻连接了事物和喻体,产生多种可能性联想,也会激发学习愿望。例如,隐喻"腐蚀如同战争"能引导学生探究地球破坏力量和抗拒力量之间的较量。四是回顾概念的起源和意义。许多概念有其演进过程,相关起源有着非常重要的意义,具有很强的转化为美感经验的价值,教师可据此设计相关内容让学生领略这种价值。例如,对于牛顿三大定律,可先从牛顿当年为何探讨物体运动开始入手——牛顿三大定律看似非常平常,但要知道牛顿当年研究物体运动是出于一个宏大的计划,即寻找解释、预测与控制的力量！五是激发好奇、质疑和崇高感。例如,在生物保护色单元中,可用如下设计导入:熄灯、拉上窗帘,减弱教室的亮度后,投影一幅图画,然后提问学生看到了什么；一段时间后,学生发现了一只非常隐蔽的虫子,它与树枝的颜色、形状极其相似,以至于很难被发现；而在学生发现之后,很自然地就会产生一种好奇"为什么有些动物要以这种方式藏入周围环境",这种观念将会引导他们进行后续的学习。

获得观念后,教师可以从两个方面来开展教学。一是为了引发期望,可把观念融入故事,以故事展开教学。其原因在于故事具有系列性和戏剧性,能激发并维持学生的学习期待。二是为了发挥知觉的作用,可把观念作为艺术欣赏。其原因在于知觉超越了认知思维的限制,能扩大并丰富学生对世界的理解。在观念化探究的展开过程中,学生需要成为探究的主体。当学生发挥主体作用成为探究者时,将会学得更好,学习活动也将更容易发生迁移。教师的一个重要任务是让学生成为探究主体,让学生承担起自身的学习责任。落实至具体课堂,则需要创设条件让学生更多地在做中学,让学生圆满地完成富有审美性质的任务。

观念化探究并不排除应用多种感官,美感经验取向的课堂可以利用多种感官资源,形成感性认识后再形成概念,知觉感受与理性认知缺一不可。这其实表明,仅仅有各种感官还不能形成具有理性认知的概念,仅仅有理性认知也不能形成具有多种感受的知觉。身体是非常重要的认识途径,教师可让学生运用多元方式感受世界。人类可通过科学、逻辑、语言、文字等了解世界,还可通过感性认识途径理解世界。这种感性认识途径通过可见、可闻等具体方式让我们理解世界,用恰当的空间、时间或诗意的结构将世界反映出来,而不是让我们通过抽象的概念、公式等令人费解的方式去揣摩、猜测。[1]古德曼(Goodman)曾言,有多少描述世界的方式,就有多少个世界。[2] 教学中需要引导学生应用多种感官认识世界,形成视觉、听觉、嗅觉、味觉、触觉等。正是这种多样化感官让我们

---

[1] 何茜.美学取向课程探究[D].重庆:西南大学,2014.
[2] 纳尔逊·古德曼.构造世界的多种方式[M].姬志闯,译.上海:上海译文出版社,2008.

感受到世界的丰富性。这个过程既可以是对单个感官的应用,也可以是对多种感官的应用,多种感官参与往往会让体验更加丰富饱满。实践中,做中学可整合知觉感受与理性认知。

5. 提供示范与支架

单元学习结果、教学内容、观念的确定,为教学方法提供了内容与依据。为促进学生获得美感经验,教师可在课堂上向学生提供示范和支架。

在提供示范方面,教师可采取如下三种常见措施。一是与学生分享自己的美感经验。当开展某项内容教学时,可分享与之相关的简单的日常生活美感经验;在时机成熟时,可分享更多更丰富的日常生活美感经验;在没有现成的日常生活美感经验时,可展示自己是如何寻找美感经验的。二是表达出对教学内容的热情和激情。这可运用富于表达性的句子和肢体语言,或表现出对教学内容的激情。例如,课堂上教师生动幽默的语言如"这太酷了""我彻底被迷住了",以及双眼发亮、神采飞扬的体态,都将吸引、感染学生。三是邀请他人与学生分享他们的美感经验。被邀请者可以包括学校的同事、毕业的学生,让他们现身说法。考虑到学生的文化差异,还需要有针对性地邀请合适的人,以激发学生参与课堂活动的意愿。

在提供支架方面,教师可用它来帮助学生理解学科概念,并主动地把学科概念应用于生活,形成对学科的归属感。具体运作时,教师可采取表 3.4[1]所示的五种常见措施:

---

[1] PUGH K J. Transformative science education: change how your students experience the world[M]. New York: Teachers College Press, 2020.

表 3.4　为学生获得美感经验提供支架

措施	示例
1. 促进学生在校内外运用学科思维、概念和价值观。	• 帮助学生定位科学视角。 • 引导学生进行科学思考与理解。 • 促进学生深入理解日常生活中的学科概念。 • 维护学生的兴趣,关心他们的焦虑。
2. 与学生开展"运用—改变—价值化"的交流。	• 督促学生讨论所学内容,分享应用学科知识于生活的经验。 • 引导学生说出所学知识是如何改变自己的理解的。 • 促进学生认识到所学知识对日常生活的事物、事件的价值。
3. 运用跨界的教学器具。	• 如使用手机来交流校内外经验。
4. 引导学生"重看"世界。	• 帮助学生确定可用正在学习的知识进行"重看"的事物、事件或议题。 • 提供机会让学生分享"重看"世界的感受,并帮助他们加深"重看"世界后的理解。 • 定期地核查并提供新的事物、事件或议题。
5. 开展促进学生"重看"世界的教学。	• 确定与学生经验关联的学习内容,并让他们分享各自的经验。 • 教学过程确保学生探究者的角色,开展问题解决式项目研究。 • 开发案例,并把它们作为课程素材让学生研究自身经验。 • 要求学生完成作品,并用该作品来说明深度"重看"世界的经验。 • 指导后续活动,为学生提供分享和"重看"新经验的机会。

四、依托框架设计与实施方案:以《地球表面的变化》为例

为便于读者更好地理解与实施基于观念的教学,下文将提供一个案例。该案例来自小学五年级"科学"第二单元《地

球表面的变化》(教育科学出版社,2021年版),由浙江省平阳县特级教师应小敏与笔者共同研制而得。

(一) 单元设计概要

1. 确定单元学习结果

这首先需要解读课程标准规定的学习内容和要求。本单元内容属于"地球与宇宙科学"领域,分别来自课程标准:2.1 地球上有大气、水、生物、土壤和岩石;5.1 地球内部地壳、地幔和地核。表3.5呈现了相关课程标准要求。

表 3.5 课程标准规定的学习内容与要求

学习内容	学习目标(5—6年级)
2.1 地球表面有各种水体组成的水圈。	• 描述地球上的水在陆地、海洋及大气之间处于不间断的循环之中。 • 举例说明水在地表流动的过程中,塑造着地表形态。
5.1 地球内部地壳、地幔和地核。	• 描述地球内部有地壳、地幔和地核三个圈层。 • 知道地壳运动是地震、火山喷发等自然现象形成的原因。 • 说出地壳主要由岩浆岩、沉积岩和变质岩三大类岩石构成。

通过课程标准解读、学情与教材分析,提炼出本单元大观念为"地球表面是个复杂多样不断变化的地形"。由此,进一步获得本单元总体目标为"理解地球表面是个复杂多样不断变化的地形,并能用之解决实际问题;在学习过程中初步养成科学探究兴趣、探究精神、环保意识,以及合作分享的态度"。这可进一步得到更为具体的三个方面的要求,即单元的三个分目标:

(1) 科学探究目标:提出问题——地球表面的地形是怎样的;做出假设——能描述典型地形地貌特点,并对其形成原因做出猜测;制订计划——能根据问题,整理一份解决问题的清单;收集证据——会通过观察图片和阅读资料来搜集信息,用超轻黏土来表达,作为科学解释的证据;处理信息——能基于搜集到的证据,运用科学思维,进行科学解释并展开科学论证,形成初步结论;得出结论——能依据证据运用分析、比较、推理、概括等方法,分析结果,得出结论;表达交流——会用科学记录单的方式表达想法,作为学习反思、形成科学解释的重要依据;反思评价——能反思学习过程,不断调整、完善认知结构,感知自己的进步与成长。

(2) 科学态度目标:探究兴趣——充分感受地形之美,具有不断探索地球表面形态变化原因真谛的兴趣与愿望;实事求是——敢于提出猜想,并尝试通过实证的方式证明猜想的正误;追求创新——乐于尝试运用多种材料、多种思路、多样方法完成科学探究,体会创新乐趣,具有尊重证据、乐于与同学基于证据展开科学论证的品质;合作分享——能接纳他人的观点,完善自己的探究,能分工协作,进行多人合作的探究学习,为完成探究活动,乐于分享自己的想法,贡献自己的力量。

(3) 科学、技术、社会与环境目标:感受科学技术的进步对人类探索、了解自然带来的可能与便利;认识到人类与环境是相互影响的,能自觉地保护环境。

为落实上述目标,可在单元层面设计大问题,分别为"七大洲有什么样的地形?""七大洲地形的形成原因是什么?"它们将统领整个单元教学过程。由此,单元学习结果由单元总目标与单元分目标构成,其中包含了单元情境性探究活动。

2. 设计单元评价

单元评价包括知识与技能方面的评价(见表 3.6、表 3.7),以及美感经验方面的评价(见表 3.8,更多细节参见第四章):

第三章 美感经验何以可能:基于观念的教学

表 3.6 单元总体目标的评价设计

表现性任务	评分规则 ☆☆☆	☆☆	☆	呈现形式
了解七大洲主要地形	圈定各大洲主要地形	基本圈定各大洲主要地形	找不出主要地形	表达与记录
推测并验证主要地形的形成原因	推测合理,验证实验有理有据	推测较合理,验证实验能获得比较充分的证据	推测不合理,验证实验不充分	表达与记录

表 3.7 单元具体目标的评价设计:聚焦于科学探究目标

表现性任务	评分规则 ☆☆☆	☆☆	☆	呈现形式
美观程度	外形美观,制作精细	外形比较美观,制作比较精细	外形不美观,制作粗糙	地形模型
图形绘制	能准确地绘制所负责的洲在地球的位置及大致形状	能较为准确地绘制所负责的洲在地球的位置及大致形状	无法准确绘制所负责的洲在地球的位置及大致形状	绘制图
地形勘测	地形区分比较细致,能标注几种不同地形	有大致的地形区分及简单的地形标注	地形区分模糊,无明显地形标注	勘测记录
地形建模	能根据不同地形特点用适当材料建模,且各种地形有区分度	能根据不同地形特点用适当材料建模,且能区分出大致地形	无法分辨出大致地形	模型作品
作品展示	能清晰、响亮地讲解本组的设计,详细介绍不同地形	能较清晰、响亮地讲解本组的设计,介绍不同地形	本组的设计介绍不清晰	模型作品
分工合作	分工明确且能有序执行	有基本的分工,但执行力不强	分工不明确,任务执行度不高	评价表

(注:限于篇幅,表 3.7 只呈现"科学探究目标","科学态度目标"与"科学、技术、社会与环境目标"略。)

表 3.8　单元《地球表面的变化》美感经验的访谈提纲

访谈指向	访谈问题
主动应用	◎日常生活中,我的意思是在校外,你是否思考或应用所学知识,研究地形和地形的形成原因? ◎当你来到一个地方会先去判断这是什么地形吗?你能否举出生活中的一个例子? ◎你与其他人提起过见到的地形问题吗?你这样做是因为你觉得有趣吗? ◎你是否观看电视中关于地形地貌的节目?学习本单元之后,你是否比以前更关注地形了? ◎你是否阅读有关地形的课外书籍,而这并不是作业要求?……
知觉扩展	◎关于地形及其变化,你的想法比以前是否有所不同? ◎这种区别到底有哪些?能否举例说明你的想法是怎样发生变化的?……
学科认同	◎你所学的地形及其变化原因有趣吗? ◎这些知识让你觉得生活和世界变得更有趣或更令人兴奋吗?你能否提供一个例子来说明? ◎这些知识是不是让你对地形变化的原因,甚至任何科学现象产生兴趣? ◎你所学的这些知识有用吗?你是否认为这些知识对于目前的或将来的生活是有用的?……

3. 设计单元学习活动

该环节主要考虑为学生选择什么样的有意义的教学内容,怎样在课堂上激发学生用于探究的观念,以及在教学过程中如何向学生提供示范与支架。

(1) 选择有意义的教学内容

基于单元学习结果与评价设计方案,确定了本单元设计的地球表面知识,筛选了教材内容以及视频录像、PPT等资料。

(2) 引发探究的观念

本单元层面的大观念为"地球表面是个复杂多样不断变化的地形"。课时层面的观念包括"地球的表面与其构造有关""地震是有原因的"等。课时层面的小观念来自单元层面的大观念,后者可转化为单元层面的大问题,前者理论上也可以转化为课时层面的小问题。例如在"地球的结构"主题中,在教师的引导下,学生提出设想/观念"地球的表面与其构造有关",然后把它转化为"地球内部有什么结构,使得它能影响地球表面"? 这些课时层面的观念主要通过教师讲解、问题情境导入等方式让学生独立提出。

(3) 提供示范与支架

教师在教学中可讲述亲身所经验的美感,或者让学生说一些有关美感经验的感受,同时引导学生应用《地球表面的变化》的知识去观察生活的世界,说出所看到的现象与自己的理解。

综合三部分内容,可得到表3.9所示的多个学习问题及相关的学习活动。这些学习问题是课时层面的问题,它们被统领于单元层面的大问题"七大洲有什么样的地形?""七大洲地形的形成原因是什么?"而大问题乃经单元大观念"地球表面是个复杂多样不断变化的地形"转化而来。为加大探究力度,后经进一步整合,把表3.9的1.1与1.2合并为世界地形建模,把1.3、1.4、1.5与1.6合并为地形成因探秘,把1.7完善为项目评价与反思(见表3.10)。

表3.9 单元课时学习计划

主要问题:(1) 七大洲有什么样的地形? (2) 七大洲地形的形成原因是什么?		
课题	学习问题	学习活动
1.1 地球的表面。	1. 地球的表面是什么样子的? 2. 是什么力量使地球变成了现在的样子?	1. 观察世界地形,描述地球表面形态。 2. 分工,讨论确定自己所负责的陆地呈现的主要地形,(用超轻黏土表现出来) 3. 想象:这地形是怎样形成的?

(续表)

课题	学习问题	学习活动
1.2 地球的结构。	1. 地球的内部结构是什么？ 2. 地球内部结构如何影响了地球表面？	1. 了解地球的内部结构。 2. 用超轻黏土做一个地球结构模型。
1.3 地震的成因及作用。	1. 地震是怎样形成的？ 2. 地震会给地球表面带来哪些改变？	1. 想象：地震的成因是什么？ 2. 做模拟实验。 3. 描述地震发生时的情景及给地表带来的变化。
1.4 火山喷发的成因及作用。	1. 火山是怎样形成的？ 2. 火山会给地球表面带来哪些改变？	1. 想象：火山的成因是什么？ 2. 做模拟实验。 3. 描述火山发生时的情景及给地表带来的变化。
1.5 风的作用。	1. 风是怎样改变地球表面的？	1. 想象并记录看法。 2. 模拟风卷走的沙子对岩石的影响。 3. 进一步想象，查找资料，描述风对地球表面的其他影响。
1.6 水的作用。	1. 降落的雨水和众多的河流会给土地的样貌带来怎样的影响？ 2. 会使地表发生怎样的改变？	1. 设计模拟实验，认识降雨给土地带来的变化。 2. 描述河流对地形带来的改变。
1.7 总结我们的认识。	1. 我对地球表面的新认识是什么？ 2. 哪些因素会影响地形？会给地球表面带来哪些变化？	向大家介绍并描述我认为的最美的一种地形，并说说它是怎么形成的。

（二）单元主要教学过程记录

在单元教学实践中，让学生充分地感受，会充分调动起学生的美感经验。有了任务的驱使，并有充分的时间和空间，学生会想办法将自己负责探究的陆地地形更好地呈现出来。现摘录单元核心活动的主要教学过程实录(见表 3.10)。

表 3.10 单元主要教学过程记录

核心活动	学生做什么	教师做什么
世界地形建模 (2 课时)	1. 学生说出自己知道的地形。 2. 分工,罗列问题清单。 生 1:我们的陆地(某大洲)的主要地形是什么? 生 2:我怎么判定具体位置是在哪儿? 生 3:那我们要查资料,先找出主要地形,然后根据地形的特点用超轻黏土捏出来,哦,还要有海拔。 生 4:那我们来分分工吧。 (① 学生查找资料,记录关键信息; ② 分工合作并用超轻黏土捏出地形。)	1. 关于地形,教师问:"你已经知道了什么?" 2. 出示白色的泡沫球,教师问:"你能在地球表面展示出陆地上的主要地形吗?你需要什么帮助?可能会遇到什么问题?" 3. 提供学习支架: (1) 提供各大陆(洲)主要地形的图文资料。 (2) 引导学生学会看经纬线识别具体地形在地球上的位置。
地形成因探秘 (6 课时)	1. 梳理各大洲的主要地形。 2. 合理想象,有依据地猜测地形的成因。 3. 小组交流,分享猜测,形成共识。 生 1:青藏高原上有喜马拉雅山,还有柴达木盆地,这太神奇了吧,原来地形是可以重叠的,那我们要怎么办? 生 2:这个好办,我们先捏出一个青藏高原,然后再塑造出其他地形。 生 3:哇,你们看,青藏高原长这样的!好酷炫、好神奇的高原,它又是怎么形成的? 生 1:我看到过,说是大陆板块碰撞、挤压出来的。 生 3:这得多大的力量呢? 不可能的吧,我猜是原来就有的,然后经过风吹雨打慢慢变成现在这样。	1. 提供各大洲的主要地形图片(彩色),判断其属于哪种地形? 2. 小组分工,要求学生各自选择其中的三种地形,对地形成因做出合理想象,有依据地进行推测。 3. 要求学生向小组同学汇报自己的推测,并听取大家的意见,做出更合理的推测,达成共识。 4. 提供材料后,要求学生开展模拟实验,记录实验中的发现,验证地形成因,知道地球表面的变化是怎

(续表)

核心活动	学生做什么	教师做什么
	生2:我觉得是不是水的力量?海浪一直冲刷着,有些地方水流得快,有些地方水流得慢,这样就在高原上形成了多种丰富的地形。 4.模拟实验,验证地形成因: (1)地震;(2)火山;(3)水的作用;(4)风的作用。 5.学生扮演不同因素角色,用身体和语言演示各因素对地形的作用。	么形成的。 5.要求学生拟人化表演各种因素对地形的作用。在表演过程中需要应用身体和语言等。
项目评价与反思 (2课时)	1.自我评价,给他人评价。 2.写反思,说反思: (1)对于我们组的地球模型我认为做得好的地方是什么?还需改进的地方是什么? (2)在这个单元中,我对地形有了哪些新的认识? (3)在这个单元中,我对地球表面变化有了哪些新的认识? (4)如果还有机会研究地球表面的变化,我最想研究的是什么问题?	1.根据小组同学的记录单,对每个人的表达、合作、交流、对小组的贡献等做出评价。 2.询问学生在这个项目中对地形有了哪些新的认识?

(三)单元设计与实施的回顾与反思

本单元教学是基于地球表面少数的典型地形的观察,让学生去猜测影响地形变化的因素,学生很难建立与已有认知的关联。只有对地球全貌进行观察后,才能为深入学习地形埋下一颗探索的种子。因此,主要采用四种策略对本单元进行整组教学设计。

一是以地形之美,激发探究欲。在聚焦单元任务时,将教材中的几种典型地形改为世界地形全貌,这样的改动,就第一感觉来说肯定是不行的,那么怎么才能让学生了解全貌呢?依据学生的特点,利用超轻黏土,让学生塑造出地球表面的主要地形。学生们期待用超轻黏土做出模型,但怎么做?要解决哪些问题?这些疑问自然地把他们引入单元的学习。

二是以项目为引领,进行单元再设计。通过两个项目任务来推进对整个单元的学习。首先,建构地球地形模型,在建模中发现地形之美,变化之奇。其次,梳理地形的类型,了解陆地的几种地形类别,以其中的具体地形为代表来猜测成因,并设计实验验证猜想。最后,汇报交流解决问题的过程,对地球表面的变化产生新的认识,在交流中再度领略自然界的鬼斧神工。

三是以支架为辅,实现探索更自主。整个单元以项目化学习方式统领,教师发挥出引领和助力作用,特别是为学生学习活动提供的支架设计很好地促进了学生学习。例如:支架一是设计分工任务单,做好小组成员任务角色的分配,并有相应的任务评价指标,让小组每个成员都有事干,也让大家意识到每一个成员都很重要;支架二是各洲的地形资料库,有图片、文字、视频,让学生在开放的资料搜索中,有聚焦、有梳理、有思考,从而提取有利于建模的信息;支架三是单元的模拟实验库,只要通过地形成因的验证实验方案,就可以让老师们以此为例,做到及时上传。

四是以角色扮演,推动学生全身心地投入学习。在学生了解了各种因素对地形的作用后,让其分组扮演某个因素。学生通过肢体动作、声音等来显示各种因素对地形形成的作用,以及不同因素之间的相互作用。

整体教学设计确实为学生的探究提供了支架,但为了让学生更充分地感受科学之美,仍有一些需要改进的地方。

第一,在地形建模部分,虽然这样的学习能够将被动转为主动,学生不是先学知识再建模,而是在建模的过程中学会知识、发展能力、形成素养。但必须指出,有部分小组建模速度不够,需要老师事先做好预判并及时加以指导。

第二,让学生有机会表达出自己的感受,尤其是在完成图3.4所示模型后,学生当时非常兴奋,高兴之情溢于言表。这时要让学生说出自己的感受,用自己的语言讲出相关美感体验。在此,极有必要让学生通过各种方式表达兴奋之情,如利用肢体语言、富有诗意的语言等。

直径60厘米的泡沫球
（模拟地球）

图 3.4 学生实验探究材料

第三,在教学过程中,学生的思维得到了较多的锻炼,但其身体知觉并未被充分应用。其实在教学过程中,可以让学生用手触摸地球模型表面,感受凸凹不平;也可以模拟台风和河流的强大力量,让学生获得更为直观的感受。在以后的教学中完全可以加入这些措施。

四是引导学生关注课堂外的世界,即让学生关注这些科学知识、科学现象与世界的联系,充分认识到它们对于人类、个人生活的影响,进一步认识到科学学科并不局限于学校与教室,而是与每个人的生活息息相关。

第四章 基于观念的教学之效果：美感经验探寻

要了解课程诗学实施的效果，就有必要开展评价活动。那么，要评价什么？除了需要评价知识技能的落实情况外，还需要把握美感经验的落实情况，两者密切关联。限于篇幅，本章主要聚焦于美感经验的评价。为此，本章试图从美感经验评鉴的目的开始论述，进而探讨美感经验评鉴的指向与策略，最后以一个案例来呈现对美感经验的寻找与分析。

一、美感经验评鉴目的何在

相较于对知识技能的评价，美感经验有着自身独特的评价方式。为区别于传统注重量化的测验，本书以评鉴来表示美感经验的评价方式。具体说来，美感经验的评鉴具有如下内涵。

（一）评鉴作为了解

无论出于何种目的，首先需要了解美感经验的落实情况，此时需要把评鉴作为了解的渠道之一。通俗地说，实施基于观念的教学之后，需要回答学生到底是否获得了美感经验。了解学生的美感经验获得情况可作为评价目的，也可作为参照指标，以进一步探讨与学生美感经验相关的其他因素对教学的影响，如以美感经验来探讨教学方法的适切性。在许多人看来,"了解一事"似乎非常容易,例如了解中国的人口数量,但实质上,了解学生的美感经验比较困难。这是因为美感经验本身就是一个抽象的概念,评价者在了解学生的美感经验情况的过程中,既需要把握好美感经验的概念,也需要借助合适的工具,尤其在面对较多学生时,更需要便捷适用的工具。在很大程度上,需要把美感经验作为一个被测量的事物。

(二) 评鉴作为解释

美感经验关乎课程教学,对美感经验的揭示能帮助人们深入理解课程教学的内涵与运行情况。这种揭示实质上意味着课程评鉴需要把学生的发展置于中心,理解学生发展的需要,珍惜事物所体现的质的特性。传统上,智力测验盛行于对外显知识技能的测量,但这些知识技能不能代表生命的全部。因此,相比测量,评鉴指向更大的范围,它需要分析美感经验,探讨美感经验与其他课程因素的关系,从中揭示美感经验对于学生学习与生命的意义。这种解释并非完全客观的,它融入了主观因素,通常要以描述现象本身为基础,探讨发展历程,描述观察到的现象并解释其发生的原因。

(三) 评鉴作为鉴赏

如果说解释更多的是寻找因果关系,那么鉴赏则意味着促进学生对自身的认可、教师对学生的欣赏。鉴赏即欣赏的艺术,教育鉴赏就是对教育作品或教育对象进行个性化的欣赏。这样的欣赏重在"感知",这种"感知"混合了感觉、想象、体验、理解等各种活动,补充与丰富评价形象,发现与增添评价对象的意义。[1] 鉴赏是对事物的感觉感受、体验体悟,而不

---

[1] 安超. 教育鉴赏与教育批评理论的美学意蕴与课程实践[J]. 湖南师范大学教育科学学报,2015,14(05):44-50.

是归类识别。鉴赏也强调感性基础上的理性思考,并开展适当的批判。对于学生来说,要发觉自己美感经验的产生,悦纳自我的美感经验;对于教师来说,需要关注学生、欣赏学生,必要时批判学生。

评鉴的三重内涵并非独立存在的,有时可能是多种内涵共存。这往往取决于评鉴的目的。例如,当只需要了解班级层面的总体美感经验时,此时评鉴作为了解;当需要探讨美感经验与学习兴趣的关系时,此时评鉴不仅作为了解,还作为解释。

二、美感经验评鉴指向什么

明确了评鉴目的后,需要回答美感经验评鉴到底指向什么?为更好地描述和评价美感经验,需要对其进行具体化。这有必要回顾第二章。第二章指出,杜威美学为美感经验的课程实施提供了美学基础,其基本论述思路可归纳为经验——一个经验——美感经验。杜威澄清了美感经验与一个经验的关系,进而设想以做与受,或者说做中学/反省性思维(reflective thinking)来获得一个经验。这实质上指出了认知与美感的合一。这些论断为美感评价提供了一个研究方向。但杜威未曾指出美感经验到底由何构成,不能为美育评价提供清晰的指向。

皮尤的质变经验概念取法于杜威的一个经验,从主动应用、知觉扩展、学科认同三个维度来描述质变经验。质变经验要求学生经历有意义的完整的探究学习过程,产生于通过期望推动的基于观念的教学(idea-based teaching)(相关内容详见第三章)。① 换言之,学生在课堂学习过程中,需要在观念的带动下产生学习期望,进而通过探究学习的方式获得美感经验。这里的观念是指一个想法、设想或假设,例如学生认为的"力是改变物体运动状态的原因"就是一个观念,它为学生带来学习期望。相比一个经验,质变经验更为具体,明确提出了所包含的主动应用、知觉扩展、学科认同,它们构成了质变经验的评价框架,从而让美感经验评价更具操作性。事实上,质变经验评价的基本设想是:既然美感经验捉摸不定,那么不妨确定一些可操作的维度来实施美感经验评价。然而如此操作还需要回答如下基本问题:三个维度之间有何关系,它们构成一个整体吗?学生在课堂上是否经历了期望、观念?这些学习经历与学生在三个维度上的表现有关联吗?

本书认为,可借鉴质变经验评价框架来开展美感经验评鉴,它源于杜威美学,同时解决了美感经验的界定问题,为具体实施提供了框架。但是,还需要对质变经验评价框架进行更全面、更清晰的刻画,以确定评鉴什么与怎么评鉴。为此,本书认为可在原框架基础上做四方面的处理。一是质变经验的三个维度之间应该具有很强的内在关联,它们构成一个整体。二是兼顾过程与结果。这里的结果主要指获得美感经验后学生能做什么,即三个维度带来的实践能力;这里的过程主要指单元课堂学习中体验到的惊奇、喜悦等,以及所开展的杜威所提倡的基于观念的教学。三是具体化每个维度,使之具有可操作性调查题项。四是结合学科知识来评价美感经验。美感经验不是空中楼阁,它总是依托于或者说伴随特定学科

---

① GIROD M, WONG D. An aesthetic (Deweyan) perspective on science learning: case studies of three fourth graders[J]. The elementary school journal, 2002(102): 199-234.

知识而产生。上述这些想法可见图 4.1：

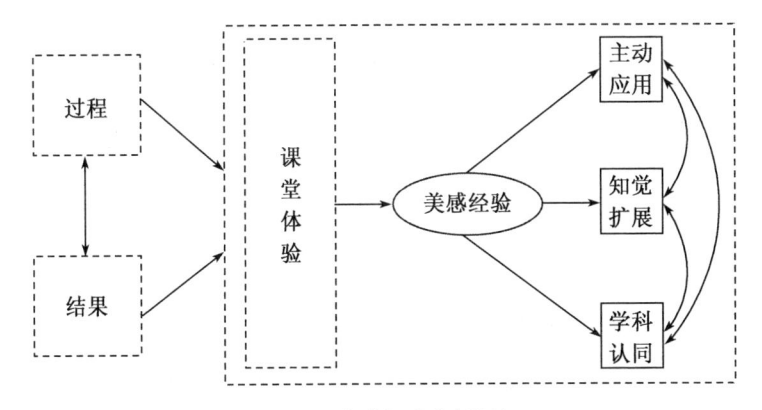

图 4.1 美感经验分析框架

该图总体设想始于美感经验的产生过程与美感经验带来的能力素养，两者相互关联。左边是课堂体验，主要对应于美感经验评价的过程，可用它来观察与寻找课堂上学生是否经历过期望和惊喜；右边从结果角度设想把美感经验转化为主动应用、知觉扩展、学科认同，如此一来，可通过三个维度来考察美感经验，具体评鉴时可用问卷法把主动应用、知觉扩展、学科认同显示出来。在本章案例部分，我们将主要围绕这三个维度展开探索。

三、美感经验评鉴怎么开展

上述美感经验评鉴框架的实施，还需要更为具体的实施方法，比较常见的方法有问卷调查法、观察描述法、访谈分析法、作业评析法，以及它们之间的组合。

(一) 问卷调查

评鉴美感经验的问卷调查可分为正式调查与非正式调查。前者如单元教学结束后进行问卷调查，后者如课堂上的提问,从中了解学生对所学内容的感受与认识。本书主要关注前者。在评鉴中,评鉴内容至关重要。就此,可借鉴皮尤的理论,从主动应用、知觉扩展、学科认同三个维度来设计问卷(详见第三章表3.2)。

问卷调查完成后,对所收集到的信息进行分析,可总结出学生美感经验的总体情况,以及各个维度上的具体情况。这些为后续进一步研究打下了基础。

(二)观察描述

美感经验产生于教学过程,可通过观察学生的表现来描述其美感经验。当学生情感充沛地投入学习,完成学习任务后抑制不住地喜悦,这恰是他们经历美感经验之时。至于观察方式,可根据需要采取重点观察或全面观察。观察者通常要留意教学过程和细节,善于抓住重要的教学片段。观察之余,还需要描述捕捉到事件或现象,需要把教师与学生之间、学生与学生之间的互动记录下来。记录时,观察者需要搁置个人的想法,尽量保证如实描述,即拥有一种现象学式的"搁置"。描述并非简单地记录,事实上理解描述需要把握如下三层含义。一是用文字或图像描述出学生的言行,这其中还包含发生该言行的时刻、学习的主题等背景信息。这是因为对某物或某事的理解,需要把它置于整体或背景之中,独立的物或事无法被全面理解。二是采用非推论性语言。做出美感经验描述,必须用一种非推论性语言作为表达工具。与推论性语言不同,非推论性语言无法表达具有普遍意义的事物或事实,但它适合用来描述和表达某一特定情境的特定品质,表现人的情感,并给予这一情感以一定的形式。这类语言本身能直接呈现语言符号内而不是符号外所拥有的观念、表象或者情感。① 三是描述并非纯粹客观的。这是因为描述者是人，其对言行的选择势必带有主观的因素。描述就是一种用思想语言来系统地揭示事物状态的方法，意味着对事物做直观深入的分析和反思。②

就我们所见的文献而言，艾斯纳的教育鉴赏与教育批评（educational connoisseurship and criticism）③、描述性学生评价④较为贴近用观察描述来评鉴美感经验。两者关系非常紧密，具有很大范围的交叉重叠，可视为观察描述的具体运用。

教育鉴赏和教育批评主要由艾斯纳提出。为抵制日益生硬的简化话语，摆脱科学理性的管控，艾斯纳援引美学鉴赏与文艺批评于教育评价领域。之所以把美学观念引用到教育评价，可归纳为三方面原因。首先，在他看来，教学是艺术的活动，学校是艺术之所，教育是个人对个人、脉络对脉络的不同特色过程。⑤ 其次，教育实践具有复杂性和情境性，教育评鉴不是找处方去控制和测量，而是要加强其艺术性，即加强美学的成分。最后，鉴于当时美学领域已发展出较为成熟的质性探究和质性评价，因此可用这些美学的思想来拓展教育评鉴。就此，教育鉴赏与教育批评实现了教育评鉴对美学的借鉴与参考。

那么，何谓教育鉴赏与教育批评？教育鉴赏就是对教育

---

① 马云多.艾斯纳教育评论中的语言[J].教育评论,2014(11):165-167.
② 李彩彦.美学取向教学评价研究[D].重庆:西南大学硕士学位论文,2014.
③ 艾斯纳.教育想象:学校课程设计与评价[M].李雁冰,等,译.北京:教育科学出版社,2008.
④ 李树培.珍惜不可测量之物——描述性学生评价研究[D].上海:华东师范大学博士论文,2008.
⑤ MADAUS G F, SCRIVEN M S, STUFFLEBEAM D L. Evaluation models: viewpoints on educational and human services evaluation [M]. Boston: Kluwer-Nijhoff Publishing, 1983.

作品或教育对象进行个性化的欣赏。教育鉴赏具有两个特点:一是以大量的相关课程教学经验为基础,有一定的鉴赏力;二是重在感知,是对事物的感觉感受、体验体悟,而不是归类识别。教育鉴赏的过程大致可以分解为:教师设身处地对学生进行细致入微的体悟、揣摩和猜想(体验);有时还会被感动,与被评价对象有心灵契合与情感交流(共鸣);在"观"的基础上进行思考和研究,要"知其然,也知其所以然"(理解);有时还会利用无意识功能,在一瞬间实现感性直观和理性洞察,达到"只能意会不能言传"的境界(领悟);教师最后对学生及其作品的意义、价值和优缺点进行评价,这种评价多具有浓厚的感情色彩,但并不任意臧否(判断),有时还要跳出作品,对最初感受进行精神上的反刍和审视,将肤浅的地方予以深化,将估计过高成分与尚待重估成分区别开来(回味)。[1] 教育批评则是把教育鉴赏所体悟的发现"公之于众",强调在感性基础上的理性思考。批评亦有两个特点:一是经验性的工作,即批评家要针对所熟悉的领域;二是在广泛意义上,任何对象都可称为被批评的对象,原则上没有什么东西是不能被批判的。[2] 相比教育鉴赏,艾斯纳更详细具体地描述出教育批评的过程。(1)描述。就是把所感知、感受、理解的东西叙述出来,这要求评鉴的人能用文字描述出观察到的教育想象,如"班上学生都显得兴高采烈的,大多能投入地开展实验操作"。(2)解释。重在说明教育情境对于教育中的人意味着什么,这要求评鉴的人能说明教师的教学行为和学生的学习行为有

---

[1] 安超.教育鉴赏与教育批评理论的美学意蕴与课程实践[J].湖南师范大学教育科学学报,2015,14(05):44-50.

[2] 艾斯纳.教育想象:学校课程设计与评价[M].李雁冰,等,译.北京:教育科学出版社,2008.

何功能,重要性如何。如"本节课,教师的引导还不够,不少学生难以跨越学习障碍"。(3)评价。对教育想象的价值做出判断或评估,这要求评鉴的人能说明教学或学习内容是否重要、是否有价值,如"本节课的引导非常关键,对于击破学生的前概念具有重要价值"。(4)主题。对前述行动进行归纳,尤其是总结出再三出现的信息,它们体现了情境中出现的个人特征或普遍特质,这要求评鉴的人能指出教师教给学生什么,学生有何反应,体现了课程什么特质,如"学生表现出浓厚的学习兴趣,能深入地探讨课堂问题"或"在本节课中教师试图激发学生进行富有创意的表演,学生反应非常热烈,这些都很好地体现了美术表现素养"。

由此可见,教育鉴赏是发现的艺术,教育批评是揭露的艺术,前者更多体现出"感知与感情",后者更多体现出"理性与判断"。应该说,没有教育鉴赏就没有教育批评,没有教育批评就不能体现教育鉴赏,它们是教育评价彰显美学内涵的两个必不可少的部分。具体运用至学生美感经验评鉴,可用教育鉴赏来感受、体验学生的表现,用教育批评来描述和呈现学生的美感经验。尤其在应用教育批评时,在开展描述、解释、评价后,要从美感经验角度归纳相关主题,探讨不同主题之间的联系,在可能的情况下,进一步探讨学生美感经验与其他因素(如教师教学风格、评价策略)的关系。

学生描述性评价针对的是那些不可测量之物,如意志与情感、同情心等,这些都是学校教育中弥足珍贵的。通过评价来理解学生的个性特点和生存状态,为他们的进一步发展提供支持。这种评价方法着重从整体的人出发,关注那些学校教育里常被忽略而实际上对学生成长非常重要的不可被测量的东西。评价过方式主要是在日常教学、交往过程中,教师对学生的思想和行为进行用心观察、描述与理解。[1]

具体运作时,学生描述性评价并无非常严密的操作程序,总体上体现为两大环节。一是观察与倾听。这要求教师细致全面地观察学生的表现,发觉他们的情绪,尽量摒弃先入为主的观点。在与学生互动中还要学会倾听他们的声音,听听他们对所学内容的感受与想法,了解他们的内心,引导他们分享对世界的理解与感悟。二是描述与理解。这要求教师尽量如实记录所见所闻,而不是局限于学业成绩。描述过程要尽量做到全面、客观,不加入个人看法与意见。在描述后,还需要理解学生的表现,包括理解学生学习的发生过程、关键的学习时刻、学生的自我解释等。将这两个环节应用至美感经验评鉴时,教师可先观察与倾听学生,加强对学生美感经验的关注,然后用描述与理解来呈现学生的表现,包括其对美感经验的体验,并阐释学生所习得的学习结果。

(三) 访谈分析

相比问卷调查,访谈一般比较消耗时间和精力,但访谈是更深入地了解研究主题的一种常见策略,它能全面把握学生美感经验的现状及其影响因素。开展访谈分析,需要处理好如下四个事项。

一是确定访谈目的与对象。访谈总是带有一定的目的,对于美感经验评鉴,访谈目的可以是了解学生美感经验的获得情况,认识它的影响因素,或者深入探讨它对其他因素的影响。目的明确后,还需要确定访谈对象。可以是若干名学生,也可以是某个学生,这取决于访谈目的。

---

[1] 李树培. 珍惜不可测量之物——描述性学生评价研究[D]. 上海:华东师范大学博士论文,2008.

二是设计访谈提纲。访谈提纲是访谈的关键,访谈固然具有一定的开放性,但事先明晰访谈的核心内容是必要的,只有这样,访谈才能有的放矢。

三是开展访谈记录与分析。进行访谈时,在征得学生的同意后,可用录音、录像、文字记载等方式记录访谈内容,这需要准备好访谈所需工具,或者应用必要的记录技术。收集并整理所有访谈记录,并对此进行文本分析。一种常见的方法是对访谈内容进行编码,提取出一些与美感经验相关的初级概念,然后合并或归类上位概念,必要时再抽象出更上位概念。另外一种常见的方法是分析不同概念之间的关系,如是否有因果关系。

四是确保研究伦理。研究伦理其实是每个研究都需要的,访谈自然也需要遵循研究伦理。如访谈中对信息数据的记录需要征得被访谈学生的同意,使用得体的语言,不伪造信息,访谈报告中对被访谈学生的姓名等进行隐私保密,访谈报告的发表也需要获得学生的同意。只有这样,访谈才是富有伦理的,而不是被视为一种冷冰冰的中性事件。

(四)作业评析

作业评析是最为日常的评价行为,它与学生在课堂上获得的美感经验直接关联。在一些偏重理科课程的作业设计中,教师可在设计关于认知类型的表现性任务之余,要求学生谈谈对课堂学习的感受。例如,要求学生写下本节课或本单元最有感觉的学习内容,说说它们对于自身生活的价值,以及将来可能被运用的地方。在一些偏重人文课程的作业设计中,教师很可能直接从学生的作品中发现其获得的美感经验。例如,学生在作文或诗歌作业中的表现,往往能直接反映出他们对相关课程内容的动机和兴趣、认识和感受。

相比其他策略,作业评析最具日常性,它对于收集或寻找学生美感经验极其重要。教师完全可以作业评析为抓手,了解学生对相关课程内容的掌握程度、美感经验,从而在日常教学中更为及时地把握课程的实施情况。甚至在可能的情况下,以这些信息来探讨影响课程实施质量的因素,例如研究教师教学方法与课堂教学目标、美感经验的关系。

四、寻找美感经验:以《地球表面的变化》为例

第三章提供了一个指向美感经验的单元设计案例,本节将在此基础上寻找学生的美感经验,希望对读者有所启示。

(一) 设计访谈提纲

限于教学任务很重,本案例主要结合单元教学内容,从教学实施效果角度来设计访谈提纲(提纲内容详见表3.8)。

(二) 记录访谈核心内容

结合访谈提纲,随机访谈了3位男学生,他们的总体课程成绩与科学课程成绩如下:(1)学生1的总体课程成绩中等偏下,科学课程成绩中等偏下;(2)学生2的总体课程成绩中等偏下,科学课程成绩中等偏下;(3)学生3的总体课程成绩中等,科学课程成绩中等。相关访谈核心内容摘要如表4.1所示。

表 4.1　学生访谈记录

访谈指向	学生 1 访谈记录
主动应用	学了本单元内容之后,我跟妈妈来到了学校附近的鸣山村,很自然地想到我来到了平原,我们学校的梦梦农场也是平原。我知道我们这里是东海的入海口,泥沙长期沉淀形成了这里的平原。

(续表)

访谈指向	学生 1 访谈记录
知觉扩展	原先我只知道山、河，没有海拔这个概念，我现在除了根据自己的感受判断地形之外，还会去查查海拔。
学科认同	我觉得地形好美，我好喜欢，以前只知道一个地方真美，不会思考地形的，现在了解了地形形成原因后，还觉得好神奇。

访谈指向	学生 2 访谈记录
主动应用	周末爸爸带我去了平阳的棋盘山，棋盘山海拔有1 200多米，因山顶有一块大青石，上面有线条，像一个棋盘，故而得名。回来之后，我们查了很多资料，没有找到证据证明棋盘山是怎么形成的。但我跟爸爸都认为山顶的大青石上的线条，很有可能是被山顶的水流长期冲刷形成的，水流刚好是从很多个小孔流出来的，我们觉得这种推测特别合理，哈哈。
知觉扩展	现在的想法更有依据了，会根据学过的知识来推测，也会想象，同时觉得想得很合理。
学科认同	我觉得本单元的学习对我帮助很大，我更爱世界的大好河山，更赞叹地球的神奇了。我觉得很有用，现在我每到一个地方，就会观察判断这个地方的地形，我想我以后会做一个地质学家。

访谈指向	学生 3 访谈记录
主动应用	我以前以为叫山的就是山地，现在我知道了，我们平阳的东门山其实是丘陵，怪不得东门山山顶不是尖尖的，而是有平地的。但我还没了解到是怎么形成的。
知觉扩展	我觉得我对地形、地貌更好奇了，以前旅游只知道看风景，现在我对这个风景是怎么形成的更感兴趣。
学科认同	我爸爸在重庆上班，结合地形我知道为什么重庆人喜欢吃辣椒，因为盆地这种地形特别潮湿，会影响到人们的生活。

（三）分析访谈核心内容

根据课堂观察，这3位学生在课堂上都比较投入，他们的行为与表情都表现出对课堂内容的关注。这表明他们对课程内容充满兴趣,能围绕课堂问题展开探讨。结合本单元教学中学生的表现,基于访谈核心内容摘要,可以看出学生在本单元中获得了一定的美感经验,在学习过程得到了一定的愉悦感,体验了学习的乐趣,他们愿意把所学知识应用于课外,为所见到的现象进行科学解释,认为本单元知识很有趣,在一定程度上也体现出对科学课程的爱好。换言之,主动应用、知觉扩展、学科认同三个维度之间相互关联,相互影响;在访谈中也提及了课堂上的一些行动与感受,3位学生都提前了解了本单元要学习的主题或概念,并在此前提下开展学习。

这些并不全是那些学习成绩好的学生,还有课程成绩一般的学生,科学美感经验对于所有学生是开放的。事实上,在研究过程也发现一个值得注意的现象,即班级里个别成绩好的学生并没有表现出很好的美感经验,他们大多对考试成绩感兴趣,并没有深度参与课堂学习。进一步研究表明,该类学生认为课堂的学习活动较为简单,对他缺乏吸引力,比较看中考试结果,对学习内容缺乏发自内心的喜欢。因此,教师在单元设计过程中要尽量考虑个性化学习需求,设置具有一定难度梯度的探究任务。与此同时,增加学习内容的趣味性,引导学生体会到学习的意义,把所学的东西应用于生活,而不是局限于教室和学校。这是教师力所能及的,也是教师的职责所在。

第五章 回应课程诗学的挑战：学校与教师的行动

这是一个理性狂欢的时代，教育也被裹挟而去。在我国，应试教育一直为不少家长和学子所诟病，课程诗学能为之提供一剂"安慰药"。然而，对于绝大多数学校和教师而言，课程诗学是新鲜事。实施课程诗学对学校和教师提出了巨大的挑战，至少需要学校层面的制度安排与文化建设、教师层面的专业发展与相应行动。本章就此重点探讨三个议题，即课程诗学是学校和教师的共同使命，以及学校和教师分别可采取的行动。

一、共同的使命

育人是教育根本，培养什么样的人是教育的核心问题。因此，对于学校和教师来说，需要明晰培养目标。随着对人类经验的积累，人们开始意识到"人"的丰富性。正如大神奥丁（Woden）左眼失明昭示着战胜混沌（chaos）的秘密在于用双眼看世界，仅仅有"右眼"（理性）是不够的，我们还需要"左眼"（神话）。神话关乎文化、想象与情感，有别于理性的理智、实用性、科学化，后者常常与事实关联。回想我们年少时在神话故事中经历的惊奇、兴奋，就能够体会到神话的巨大力量。在凯森看来，在人类历史上，神话在教导我们关于自己的来源、目的、努力和热情,这些故事就成为课程。① 有学者认为,课程是关于想象力和创造性的,不应仅局限于理性和逻辑,课程之旅就是学生的美感经验之旅。②

课程诗学要求我们发挥精神的力量,以诗性智慧激发学生的想象、审美、情感和惊奇,鼓舞他们保持憧憬和拥有梦想,使每一个人都有生存的意义和希望。③ 然而,正如林逢祺所言:"现代社会里人受科技主义、物质主义及消费主义的影响,无疑过度偏向重计算性思维(即理性思维)的影响,成为单向度的人,或者说成为发展有严重偏差的人。可惜教育未曾发挥正向影响,反而受这股势力的摆布,失去了主体性,甚至成了为其摇旗呐喊的先锋。"④ 出现问题并不可怕,问题有时也提醒我们去行动、去改进,甚至帮助我们更好地认识世界、理解教育。

就当前而言,我国课程教学深受应试教育影响,其诗性的特质并未得以彰显。既然已经意识到这个问题,那么无论在国家层面还是地方层面,无论学校还是教师都要做出各自的努力,改变这种现状。课程诗学追求精神的解放,这正是当前课程改革急需的道德目的,它必将为我国的课程研究和课程

---

① KESSON K R. Toward a curriculum of mythopoetic meaning[M]// HENDERSON J G, KESSON K R(Eds.). Understanding democratic curriculum leadership. New York:Teachers College Press, 1999:1-105.

② DAVISON A. Myth in the practice of reason:the production of education and productive confusion[M]// LEONARD T, WILLS P(Eds.). Pedagogies of the imagination:mythopoetic curriculum in educational practice. New York:Springer, 2008:11-30.

③ 欧用生.诗性智慧的课程论述[J].台幼儿教育(教育科学版),2006(12):4-6.

④ 林逢祺.教育哲学:一个美学提案[M].台北:五南图书出版股份有限公司,2015.

改革注入活力。这是共同的使命,需要社会、学校、教师、家长、学生一起努力。在某种程度上,各主体之间是学习共同体关系。就学校和教师而言,培育学生,促进他们实现全面良好的发展,这是义不容辞的神圣责任与义务。面对课程诗学的挑战,需要各主体共同参与,群策群力,采取专业行动。

二、学校的行动

面对课程诗学的挑战,学校至少可从办学理念、培养目标、课程设置、学校文化、教师培训、社群建设六个方面做出努力。

在办学理念上,学校要认识到这是学校的灵魂。它包括办什么样学校和怎么办学校,体现在学校的校训、校风、培养目标、教师专业发展、管理工作等诸多方面。先进的办学理念能凝聚学校全体人员,为学校发展提供向心力,提高学校的竞争力。因此,有必要在办学理念中加入诗性智慧的元素,并以此作为起点来发展学校。

在培养目标方面,学校应增加美感经验、直觉与想象力等诗性智慧,让它们与理性、逻辑等能力共同作为学校培养学生的指向。在此,需要考虑一个问题,即培养目标是如何制定的?从实际情况看,大多数学校的培养目标主要关注知识技能与道德伦理方面,较少明确指出诗性智慧。因此,作为学校发展的关键,这样的培养目标需要加以完善。这需要全校教师甚至全校学生的参与,尊重他们的意见。这不仅可以集群体之智慧,凝聚力量,还可以让教师、学生更具有主人翁的身份认同感,更好地理解培养目标,支持课程诗学。培养目标是针对学生的,因此也需要让学生知道自己在校期间应该努力的方向,让他们理解除了理性与逻辑外,还需要培养诗性智慧。在完善培养目标的过程中,可让教师和学生自主选择事先设计好的问卷,或者让他们在留白之处写上自己关于培养目标的想法,然后归纳提取,在校内公示并进行改进。

在课程设置方面,基于培养目标规划国家课程与校本课程。基于培养目标,国家课程需要校本化,尤其是要解读课程标准,结合诗性智慧确定校本化的课程目标。相比国家课程,校本课程更为灵活,能更好地满足学生个性化发展的需要。基于培养目标和学生需要,校本课程目标应体现出诗性智慧的内涵,提出美感经验的诉求。在进行课程设置时,为检验课程设置与培养目标之间的关系,可把所有国家课程目标和校本课程目标摘出来,将国家课程的目标体现为若干条学科核心素养,校本课程的目标体现为若干条表述,然后思考国家课程目标、校本课程目标与培养目标之间是否一致,国家课程目标与校本课程目标之间是否相互补充。如果处理得当,所有课程标准目标都将呼应培养目标,每门课程都具有符合自身特色的课程目标,并在其中包含了诗性智慧的内容与诉求。

在学校文化方面,可从物质文化、精神文化、制度文化进行建设与宣传。学校可把相关课程目标制作成课程群星图,把它们与培养理念和培养目标一同置于醒目的地方,以此作为提醒和导向。在学校大型的节日演出、学校体育运动会等各种校园活动中自觉地渗透诗性智慧的思想。在校风校训中可直接体现诗性智慧,例如浙江省杭州市某中学拟用"为祖国而学习,成就最好自己"为校风,拟用"笃学·精进·尚美"为校训。校训的"笃学"意味着求真,"精进"意味着去恶存善、不断进取,"尚美"意味着追求事物之美,三者恰好体现了真善美。可见,学校文化是一种环境,一种氛围,一种理念,也是一种精神,需要长期培育。在很大程度上,学校文化包含了诗性智慧,并为之提供了各种资源与保障。

在教师培训方面,需要丰富教师的知识结构,把诗性智慧的理念纳入他们的知识体系。作为一线教学实施人员,教师对于学生的影响最为直接和重要。如果教师没有意识到诗性智慧的重要性,那么其课堂自然就不会重视诗性智慧的落实。在教师诗性教学培训方面,目前极少见到专门的教师诗性教学培训,需要学校和其他教育研究结构合作,一起采取行动。在日常的专业活动中,学校应有意识地提醒各课程负责人,定期探讨诗性智慧在课程教学中的应用,开展相关优秀案例的校本研讨,让一些优秀教师现身说法。必要时,可让一些学生谈谈自己对课程教学的感受,让教师听到教学服务对象的声音;或用一些数据来呈现班级学生在美感经验上的收获,从而通过基于证据的言说来促进教师深刻地认识到在课程中渗透美感经验的重要性和急迫性。

在社群建设方面,需要形成美学社群。美育的提倡与美感经验的落实需要多方努力,不止于学校、教师、学生,还需要家长、社区等广大群体。在以往,为提升教育业绩,学校非常注重组织管理,强化组织的运作。但这样的社群重视管理主义,讲究一致行动,缺乏独特性和创造力。事实上,社群及其所含的个体不仅有着理性的经验,也有着感性的一面,他们会超越现代理性的技术模式,在各种感官中获得综合认知、知觉与情意的经验,即获得美育,进而更愿意投入落实美感经验的行动。因此,学校需要联合社区,努力建设美学社群,从而为课程诗学提供良好的环境。

三、教师的行动

课程诗学对我国教师来说是个新议题,会对教师提出巨大挑战。然而正如本章开头所说,诗性智慧是课程教学的重要追求,需要恢复其应有的地位。为更好地开展课程诗学,广大中小学教师至少要做出如下努力:

一是改变自身教育理念。学校当前的课程过于强调客观与理性,教学缺乏体验与感受,这极大误导了教育所指向的人。如果要培养出一个完整的人,教师必须认识到理性与感性对于学生成长的价值。因此,在教学过程中应引导学生从身边真实问题出发,让学生在解决问题的过程中,经历思考、困惑、挫折、喜悦,从而体验丰富的物质世界与精神世界。为达到此目的,教师需要以学生为中心,从学生需要什么、想什么、追求什么、感觉什么开始来决定教学主题,除了教授学生应用逻辑、推理等,还要鼓励其应用身体、感觉、直觉等,以开展参观、观察、实验、调查、讨论、制作等活动。

二是深化专业认同。不少研究都指出,教师的专业认同是影响教育改革的重要因素。[①] 专业认同涉及教师对自身专业的理解和认可,实质关涉对教师职业的身份认同。这不仅关乎教师对本学科的理解,还关乎教师对专业道德的理解。教师唯有认识到教育的使命和美感经验的价值后,才会自觉地投入教学,才能削弱应试教育带来的不良影响。

三是加强课程诗学的目标意识。长期以来,知识技能被

---

① 参见:CUBAN L. How teachers taught: constancy and change in American classrooms 1880—1990 [M]. New York: Teachers College Press, 1993; CONNRLLY F M, CLADININ D J. Shaping a professional identity: stories of educational practice[M]. New York: Teachers College Press,1999.

视为课堂教学的宠儿,各种评价考试都以此为重点,而作为课程诗学重点的美感经验却没有得到应有的关注,如今我国教育改革进入深水区,美育已经被摆上议程,将成为未来课程改革的重点。开展课程诗学,首要之事就是要把美感经验纳入学习结果考核,将它视为一种不可忽略的关键学习结果。如果美感经验没有被这样对待,那么在教学中它将很难得到关注与落实,甚至会被完全遗忘。与此同时,教师还需要明晰美感经验的构成要素,尤其是明确从哪几个方面来评鉴学生的美感经验。本书中提及的主动应用、知觉扩展、学科认同为教师提供了一个参考框架,但实际应用时还需要教师结合具体学科开发问卷或访谈提纲来更全面地了解美感经验的落实情况。只有这样,才能促进教师将美感经验纳入教学设计,在教学中逐步增强课程诗学意识。

四是提升实施课程诗学所需知能。课程诗学涉及诸多因素,需要教师掌握最为基本的知能。首先,教师需要具有一定的思考高度,如了解教学设计类型,具备单元设计的基础知识,清楚我国当前素养导向的教育改革,具备美育相关的基本思想。其次,教师需要理解一些基本概念,掌握一些具体的技能,如要对美感经验、观念/大观念等概念有所理解。再次,教师还需要把这些概念转化为具体的教学与评价技术。例如,教师根据单元需要,寻找出大观念,并确定单元学习结果;依据观念的内涵,设计出富有吸引力的教学活动。在教学活动设计中,特别需要教师采取一些富有创造性的教学措施与技术。

五是创设课堂学习文化。课程诗学的实施,富有开放性。在这样的课堂中,学生是学习的主人,承担起学习责任,教师需要促进学生开展探究,发展他们的创造力。为达到此目的,教师需要创设宽松的学习环境,允许学生出错,鼓励学生之间进行合作与分享,帮助学生养成学习自主性,增强学生的归属感,引导学生走出学校开展社区服务和探险活动。在这样的氛围之下,学校和教室成为学习的乐园,学生能够自主快乐地学习,不断开阔视野,自由地思考与创造。这样的学习环境将有助于美育文化的诞生,这样的美育也是教学的应有之义。然而这并非易事,需要整个学校文化为支撑。如果学校不提倡宽松自由的学习氛围,那开展诗性教学的班级就会成为学校中的一座孤岛,很难维持富有探究与审美的教学。当然,如果没有各班级的认同与支持,自由宽松的学习氛围也无法形成,两者可谓相辅相成。

六是从小处开始积极行动。对教师来说,课程诗学充满了挑战,需要其积极投入行动。这种行动要脚踏实地,一步一步地靠近困难的目标,没有行动,想得再多也没用。行动有大小,可从大处着手,也可从小处开始。对于不熟悉课程诗学的教师来说,可从自己比较熟悉的内容开始,如先尝试撰写相关课时教案,再慢慢思考如何撰写单元方案。例如,华东师范大学第二附属中学语文教师梁颖先研制了表5.1所示的课时教案,在此基础上,她进而获取单元的核心概念"青春的体悟与表达",接着,初步设定相关单元目标:(1)通过阅读文本,体验与感悟青春的多彩和激情,认识青春的责任和使命;(2)通过吟诵、评点等语文活动,了解文本的语言特点,特别是景物、细节、人物描写的方法;(3)表达自己的青春热情与感悟。然后,在单元目标的基础上,研制出相关单元评价任务和学习活动等。通过上述操作,该教师从研制小的课时教案慢慢过渡到研发大的单元方案。

表 5.1 "致"青春——教案设计(节选)

【教学目标】1.通过梳理本单元文学作品中意象的特征及其与作者所要表达的情、志、理之间的关系,总结新诗写作的一般规律和评价标准。
2.通过诵读、仿写、创作、修改,尝试运用意象和独特的语言表达个性化情感,并能把个人情感与国家前途命运紧密地联系起来。

【教学重点】通过梳理本单元文学作品中意象的特征及其与作者所要表达的情、志、理之间的关系,总结新诗写作的一般规律和评价标准。

【教学难点】通过诵读、仿写、创作、修改,尝试运用意象和独特的语言表达个性化情感,并能把个人情感与国家前途命运紧密地联系起来。

【评价任务】

评价内容	检测工具、方法	获得星数
对4首现代诗的青春形象、态度、理想等把握准确	练习、任务驱动	☆☆☆☆☆
诗歌诵读情感饱满,细节处理得当	活动、互评	☆☆☆☆☆
仿写初稿意象鲜明,主旨明确	练习、任务驱动	☆☆☆☆☆
仿写修改稿音韵和谐、节奏错落,有效烘托情感	练习、任务驱动	☆☆☆☆☆
仿写修改稿炼字精当,语言有亮点	练习、任务驱动	☆☆☆☆☆
结合时代,对自我的青春内涵定位准确	活动、任务驱动	☆☆☆☆☆
新诗创作意象鲜明,主旨明确	练习、任务驱动	☆☆☆☆☆
新诗创作音韵和谐、节奏错落,有效表达主旨	练习、任务驱动	☆☆☆☆☆
新诗创作语言精当、有风格	练习、任务驱动	☆☆☆☆☆

【教法和学法】教法:讨论、练习。学法:探究、合作。

【课程资源】1.统编版语文教材必修(上)及练习部分。2.多媒体投影:"青春"的相关文字资料,学生前期作业。3.拓展阅读资料:《傅元峰老师解读四首现代诗》《历史开裂处的个人叙述》。

【教学过程】
一、课前研习任务
1. 依照示例,给第2课4首诗分别制作"青春名片"。示例:
　　《沁园春·雪》中的青春坐标:忆往昔

(续表)

青春形象:挥斥方遒
青春态度:粪土当年万户侯
青春理想:万类霜天竞自由
青春内涵:……

设计说明:本环节是第2课课后作业,旨在从具体诗句中抓取诗人的"青春"形象,把握不同诗人对"青春"的独到理解。

2. 精读第3课,从小说《哦,香雪》中选择一个人物为其制作"青春名片"。

设计说明:本环节是第3课的预习作业,旨在从小说细节中抓取人物的"青春"形象,把握女性作家对女性人物"青春"的独到理解;打通不同文体中的"青春"主题学习经历。

3. 以"站台"或"火车""铅笔盒"为标题,分别以第2课4首诗的口吻,依托小说《哦,香雪》的内容仿写诗歌。

示例:《立在地球边上放号》——"立在火车边上……"
   《红烛》——"火车啊……"
   《峨日朵雪峰之侧》——"这是我此刻仅能停留的时长了……"
   《致云雀》——"你好啊,闪亮的铁轨……"

要求:学号1—10 仿写《立在地球边上放号》
   11—20 仿写《红烛》
   21—30 仿写《峨日朵雪峰之侧》
   31—40 仿写《致云雀》

设计说明:本环节是第3课课后作业,通过意象、画面创作新诗(教材配套练习)提供新诗创作常规支架;旨在落实单元主题、小说解读与新诗写作的贯通;诗写他人,便于课堂上交流、品评时学生们能不必顾忌、畅所欲言。

二、课堂交流探究

1. 诗歌诵读

分组诵读,形式由小组自行商定,内容为原诗+仿诗1首。

设计说明:通过朗读诗人作品营造课堂氛围,进入品诗情境;通过朗读学生作品,做好鉴诗、改诗、再度作诗的准备;通过比较、挑选并朗读学生作品,完成第一重来自同伴的表现性评价。

2. 交流、指导、打磨

(1) 分组交流,形式由小组自行商定,内容包括但不限于:朗读者谈诵读处理,作者谈创作心得,同伴谈推荐理由……教师引导梳理4首现

(续表)

代诗,实现独到"青春"内涵的独特表达。
 示例:《立在地球边上放号》"立"字的着意性,高频反复的力度;
 《红烛》开头与结尾两处引用背后的深思,对话意识;
 《峨日朵雪峰之侧》人与山(自然)关系的新思考,特殊标点与限定语的使用;
 《致云雀》音节与韵律实现的激情……
 设计说明:提供新诗创作突破常规的思路。
 (2) 分组点评,形式由小组自行商定,内容包括但不限于:
 诵读优化建议,写作修改建议,比较评价……
 设计说明:初步修改参考配套练习部分第一单元写作《学写诗歌》的修改方案。
 ① 修改音韵:押韵能增强诗歌的音乐性。不同的韵脚,其抒情特性也有所差异,如押"i"韵显得细腻绵长,押"ang"韵显得悠远铿锵,借助朗读,从诗歌的情感基调出发,调整诗句的韵脚。
 ② 修改节奏:诗行的参差排布,能营造出各种不同的情绪节奏。长的诗行内蕴丰富,短的诗行轻盈生动。借助朗读,调整诗句的长短与排布方式,使之恰当地表达情绪。
 ③ 打磨形象:聚焦关键词语,通过与近义词的比较,从表意的贴切性、内涵的丰富性、表达的独特性等角度做一些调整。适当运用修辞手法(如比拟、比喻、夸张等),使诗歌的表达更加丰富、生动。
 ④ 锤炼语言:推敲动词、副词、形容词、数量词的使用,考虑对词语进行增删,尝试通过词类的活用,增强语言的感染力,力求在表达上形成1—2个亮点。
 (3) 草拟3—5条"最佳原创新诗"的评选标准。
 (4) 聚焦1首学生诗作共同修改。
 设计说明:音韵、节奏等外显性特点易于模仿,形象、物象的借助也易于抓取,诗歌语言的好与坏却是难以量化评价的,需利用对具体作品的"改头换面",将课堂生成的学法落实、积淀。

 3. 总结、启思
 (1) 总结诗歌创作形式与内容的关联。
 (2) 思考当下的青春表达,定义自己的青春内涵。
 三、考核评鉴
 1. 评选"最佳朗读者""最佳原创诗""今日金句"等。要求:
 (1) 细化课上总结的"最佳原创新诗"评选标准。

(续表)

(2) 制作量化评分表。
2."致青春"主题诗歌创作要求：
(1) 制作"我"的"青春名片"。
(2) 思考自己的青春内涵需要怎样的表达。
(3) 依据课堂制定的标准为自己的"青春名片"赋诗。
四、附学生创作诗歌(节选)

铅笔盒 王忆瑷(仿《立在地球边上放号》) 一轮明月正从空中流泻， 啊啊！比月儿还皎洁的我的马蹄莲哟！ 小小的盒子轻轻巧巧地盛满了明天。 啊啊！我眼前奔来的崭新的台儿沟哟！ 啊啊！无限的铁轨,无限的色彩, 无限的"一分钟"哟！ 啊啊！变哟！变哟！ 变了山谷,变了小村,变了姑娘—— 不变的真情哟！	火车 孟子人(仿《红烛》) 火车啊！ 既造了,便开吧！ 开吧！开吧！ 开向闭塞的深山, 开过台儿沟的脚下, 开进每一个追求美好的内心 也载着他们的向往, 也去到更远的远方！
站台 顾欣辰(仿《峨日朵雪峰之侧》) 这是她此刻仅能到达的距离了, 她艰难地迈出一步, 终于见到台儿沟这边 朝向山外静候许久的站台 正连接着一段闪着银光的 铁轨。月光不吝啬地洒下, 衬出远处站台旁迎接香雪的姑娘的呐喊, 像军旅胜利的欢呼声 她的双目清泉一般凝视着 严峻而又温厚的火山。 泪水,从骄傲的心底渗出。 啊,她渴望有一只山鸟或鸣蝉与之为伍。 在泥泞的小路, 但有一轮无声的明月 与她默享着这火山中新添的 风景线。	致香雪 盛君仪(仿《致云雀》) 你好啊,纯情的姑娘！ 你似乎与众不同, 立在站台也涌动的人堆中, 以恬静可爱的面庞, 吸引众人的目光。 我们不知,你是什么, 什么让你如此可爱？ 从伊甸园下凡的天使, 也不曾拥有这样的赤诚, 能与你踟蹰时的红唇、 迈步时的英姿、 飞奔时的泪水 相提并论！

该教案践行了课程诗学的精神,通过诵读、品味等传统教学活动让学生获得充分的美感体验;更为重要的是,对文字规则的反思、拆解与重组,用不同的诗歌语言仿写原诗的内容,打通了文体之间的界限,形成了活泼与富有创造力的课堂氛围,在感性的基础上,让学生得到了充分的智性收获。这显然很好地体现了梁颖老师的专业认识与特色,也为后续的单元设计提供了良好起点。

参考文献

第一部分　中文文献

[1] 中国蔡元培研究会.蔡元培全集(第3卷)[M].杭州:浙江教育出版社,1997.

[2] 陈荣华.葛达玛诠释学与中国哲学的诠释[M].台北:明文书局,1998.

[3] 陈晓阳.想象教育论纲[D].上海:华东师范大学博士学位论文,2006.

[4] 崔允漷.论大观念及其课程意义[J].上海课程教学研究,2015(10):3-8.

[5] 崔允漷,夏雪梅."教-学-评一致性":意义与含义[J].中小学管理,2013(1):4-6.

[6] 高尔泰.美是自由的象征[M].兰州:甘肃人民出版社,1982.

[7] 高名潞.西方艺术史观念:再现与艺术史转向[M].北京:北京大学出版社,2016.

[8] 何茜.美学取向课程探究[D].重庆:西南大学博士学位论文,2014.

[9] 李树培.珍视不可测量之物——描述性学生评价研究[D].上海:华东师范大学博士学位论文,2008.

[10] 李雁冰.课程评价的新途径:教育鉴赏与教育批评——艾斯纳的课程评价观再探[J].外国教育资料,2000(4):14-18.

[11] 牛宏宝.美学概论[M].北京:中国人民大学出版社,2016.

[12] 欧用生.教师课程的理论化:从诗性智慧到A/r/t[J].教育学报(香港),2012,40(1):15-30.

[13] 潘德荣.理解方法论视野中的读者与文本——加达默尔与方法论诠

释学[J]. 中国社会科学,2008(2):42-53,205.
- [14] 潘庆玉. 富有想象力的教学设计[M]. 广州:广东教育出版社,2014.
- [15] 庞飞. 教育即审美——杜威的美育思想新论[J]. 美育学刊,2013(2).
- [16] 邵朝友,崔允漷. 指向核心素养的教学方案设计:大观念的视角[J]. 全球教育展望,2017,46(06)11-19.
- [17] 邵朝友. 指向核心素养的逆向课程设计[M]. 上海:华东师范大学出版社,2018.
- [18] 邵朝友. 学生美感经验可评吗——质变经验评价的路径与批判[J]. 教育发展研究,2021,41(22):17-24.
- [19] 王磊. 审美文本观照下艾斯纳课程美学蕴意探究[J]. 外国教育研究,2014,41(10):30-37.
- [20] 王崧舟. 诗意语文——王崧舟语文教育七讲[M]. 上海:华东师范大学出版社,2008.
- [21] 夏青. 论审美教育与生命体验[J]. 教育理论与实践,2016,36(04):13-16.
- [22] 夏永庚. 试论课程美学的内涵与意义[J]. 中国教育科学(中英文),2019,2(05):88-98.
- [23] 姚淦铭,王燕. 王国维文集(下部)[M]. 北京:中国文史出版社,2007.
- [24] 叶朗. 美学原理[M]. 北京:北京大学出版社,2009.
- [25] 叶维廉. 道家美学与西方文化[M]. 北京:北京大学出版社,2002.
- [26] 叶维廉. 中国诗学[M]. 合肥:黄山书社,2015.
- [27] 游柱然,RUD A G. 杜威实用主义美学视野下的课程观[J]. 比较教育研究,2014,36(03):69-74.
- [28] 赵洁. 隐喻的诗性特征[J]. 教育界,2012(16):28-29.
- [29] 张都爱. 论美学上的"美"及其意义建构[J]. 深圳大学学报(人文社会科学版),2015,32(04):128-134.
- [30] 朱光潜. 朱光潜全集(第2卷)[M]. 合肥:安徽教育出版社,1987.
- [31] 朱小红,罗梓轩. 浅论数学的诗文美[J]. 武汉冶金管理干部学院学报,2017,27(01):89-91.

第二部分 译著

[1] 艾斯纳.教育想象:学校课程设计与评价[M].李雁冰,等,译.北京:教育科学出版社,2008.

[2] 爱因斯坦.爱因斯坦文集(第一卷)[M].许良英,范岱年,编译.北京:商务印书馆,1976.

[3] 加达默尔.真理与方法:哲学诠释学的基本特征(上卷)[M].洪汉鼎,译.上海:上海译文出版社,2004.

[4] H. J. 阿里宁娜.美育[M].刘伦振,张谦,译.北京:教育科学出版社,1989.

[5] 马丁·海德格尔.康德与形而上学疑难[M].王庆节,译.上海:上海译文出版社,2011.

[6] 玛可辛·格林.释放想象:教育、艺术与社会变革[M].郭芳,译.北京:北京师范大学出版社,2017.

[7] 纳尔逊·古德曼.构造世界的多种方式[M].姬志闯,译.上海:上海译文出版社,2008.

[8] 培根.知识就是力量[M].许宝骙,译.北京:商务印书馆,1984.

[9] 威廉·F.派纳,威廉·M.雷诺兹,帕特里克·斯莱特里,等.理解课程(上、下)[M].张华,等,译.北京:教育科学出版社,2003.

[10] 小威廉姆·E.多尔,诺尔·高夫.课程愿景[M].张文军,等,译.北京:教育科学出版社,2004.

[11] 伊曼努尔·康德.实用人类学(第2版)[M].邓晓芒,译.上海:上海人民出版社,2012.

第三部分 英文文献

[1] AADLANDSVIK R. "In search of a lost eye: the mythopoetic dimension in pedagogy": a review of Timothy Leonard & Peter Willis' (Eds.). Pedagogies of the imagination: mythopoetic curriculum in educational practice[J]. Phenomenology & practice, 2009, 3(1): 94 - 110.

[2] BRADBEER J, RAHEEM A G A. Imaginal transformation and schooling[M]//LEONARD T, WILLIS P(Eds.). Pedagogies of the imagination: mythopoetic curriculum in educational practice. New York: Springer, 2008: 139-156.

[3] BRUNER J S. The process of education[M]. Cambridge: Harvard University Press, 1960.

[4] DEWEY J. The child and the curriculum [M]. Chicago: The University of Chicago Press, 1902.

[5] DEWEY J. Experience and education [M]. New York: Macmillan, 1938.

[6] DONMOYER R. He must not know that the war is over and the other side won, because he just keeps fighting-E. Eisner as advocate for school reform[M]//UHRMACHER P B, MATTHEWS J(Eds.), Intricate palette: working the ideas of Elliot Eisner. New York: Pearson Merrill Prentice Hall, 2005: 197-212.

[7] CASSIRER E. An essay on man[M]. New Haven: Yale University Press, 1944.

[8] DAVISON A. Myth in the practice of reason: the production of education and productive confusion. [M]// LEONARD T, WILLIS P (Eds.). Pedagogies of the imagination: mythopoetic curriculum in educational practice. Springer Netherlands, 2008:53-56.

[9] EGAN K. Imagination, past and present[M]//EGAN K, STOUT M, TAKAYA K(Eds.). Teaching and learning outside the box. New York: Teachers Collage Press, 2007: 10-12.

[10] EGAN K. The Future of education: reimagining our schools from the ground up [M]. New Haven and London: Yale University Press, 2008.

[11] EISELE C. Peirce's philosophy of education in his unpublished mathematics textbook[M]//MOORE E C, ROBIN R S(Eds.). Studies in the philosophy of Charles Sanders Peirce. Amherst:

University of Massachusetts Press, 1964: 51-78.

[12] GARRISON J W. Introduction: Education and the new scholarship on John Dewey[M]//GARRISON J W (Ed.). The new scholarship on Dewey. Dordecht, Netherlands: Kluwer, 1995: 1-6.

[13] GIROD M. Teaching 5th-grade science for aesthetic understanding [D]. Unpublished doctoral dissertation, Michigan State University, East Lansing, 2001.

[14] GIROD M, WONG D. An aesthetic(Deweyan) perspective on science learning:case studies of three fourth graders[J]. The elementary school journal, 2002(102): 199-234.

[15] GOODMAN N. Ways of worldmaking [M]. Indianapolis: Hackett, 1978.

[16] GREEN M. Teacher as stranger: educational philosophy of the modern age[M]. Belmont, Canad:Wadsworth, 1973.

[17] LEMKE J. Talking science: language, learning, and value [M]. Norwood, NJ:Ablex,1990.

[18] KIERKEGAARD S. Concluding unscientific postscript to the 'Philosophical Fragments'[M]. Princeton: Princeton University Press, 1947.

[19] MADAUS G F, SCRIVEN M S, STUFFLEBEAM D L. Evaluation models: viewpoints on educational and human services evaluation [M]. Boston: Kluwer-Nijhoff Publishing, 1983.

[20] PONSER G J, STRIKE K A, HEWSON P W, et al. Accommodation of a scientific conception: towards a theory of conceptual change[J]. Science education, 1982(66): 211-227.

[21] PRAWAT R S. Dewey, Peirce, and the learning paradox [J]. American educational research journal, 1999: 47-76.

[22] MACKAY F. Mythopoetic space in the (trans) formation of Counselors and Therapists[M]//LEONARD T, WILLIS P(Eds.). Pedagogies of the imagination: mythopoetic curriculum in educational

practice. New York: Springer, 2008: 189-201.
[23] THOREAU H D. The variorum walden [M]. New York: Washington Square Press, 1963.
[24] WALLIN J J. A Deleuzian approach to curriculum: essays on a Pedagogical Life[M]. New York: Palgrave Macmillan, 2010.
[25] WITTGENSTEIN L. Lectures and conversations on aesthetics, psychology and religious belief[M]. Oxford: Blackwell, 1969.

附 录

案例研究:什么样的教学会产生美感经验

第一部分 案例研究展开过程

基于观念的教学是产生美感经验的重要路径,本部分将借助美感经验的描述框架(见第三章图3.1),试图回答一个基本问题:相较于非基于观念的教学,基于观念的教学会产生更多的美感经验吗?

一、研究设计

(一) 研究对象

本研究采用了对比研究,样本来自浙南地区某学校小学3年级6个平行班学生,选取的学科为小学科学课程中的单元《动物的一生》。其中,3个班级的任教教师为X老师(这3个班称为X班级),她自2020年开始有意识地在教学中融入诗学元素,如强调身体在学习中的作用,重视在探究中发挥学生的想象力,通过观念来推动教学。本研究在其任教的班级内进行问卷调查,并收集相关数据,以获取学生的美感经验信息。另外3个班级的任教教师为Y老师(这3个班级称为Y班级),她较少关注教学中的诗学元素,留给学生主动探究的时间比较少,较少用问题或任务来驱动教学。

(二) 研究问题

问题1:两位教师的单元设计是否体现基于观念的教学思想?她们所任教的班级学生在总体上所获的美感经验有显著区别吗?

问题2:X班级学生的观察与访谈反映了哪些美感经验信息?它们与其问卷数据之间相互支持吗?

(三) 研究工具

本研究涉及的核心工具为问卷和访谈提纲,它们直接影响到研究成败。在问卷方面,主要从主动应用、知觉扩展、学科认同3个维度来设计。在访谈提纲方面,主要探讨学生的课堂体验。

(四) 研究程序

本研究共七大环节,每个环节所要解决的核心问题如下表所示:

环节	内容	核心问题
环节一	调查两位教师的单元教学设计	两位教师的单元教学设计体现出基于观念的教学吗?
环节二	设计并完善访谈提纲	访谈提纲有效吗?
环节三	进行课堂观察并访谈学生	学生有何课堂体验?
环节四	界定美感经验问卷调查内容	如何界定主动应用、知觉扩展、学科认同,并研制问卷?

(续表)

环节	内容	核心问题
环节五	开发并完善问卷	问卷的信度与效度得到保证了吗？
环节六	分析课堂体验信息与问卷数据的关系	问卷数据和课堂体验信息一致吗？
环节七	比较两类班级的美感经验	两类班级学生的美感经验有何差异？

（五）研究伦理

研究伦理其实是每个研究所需要的，本研究需要注意问卷与访谈中涉及的隐私问题。尤其对于访谈，其信息数据的记录需要征得被访谈学生的同意，访谈中要使用得体的语言，不伪造信息，访谈报告中对所访谈学生的姓名等内容进行隐私保密，访谈报告的发表也需要获得学生的同意。只有这样，访谈才是富有伦理的，而不是被视为一种冷冰冰的中性事件。

二、研究展开

（一）调查两位教师的单元教学设计

教案记载了教师的教学设计思想与内容，虽然课堂上不会完全按照教案来实施，但总体上，教案还是预设了教学进程。调查教案可从四个方面进行：(1) 完成一个完整的学习历程；(2) 设计课时层面观念化问题或任务（课时层面问题可视为观念转化而来），有思考有探究；(3) 整个单元有大观念，每节课有问题或任务驱动，大观念统领了观念化问题或任务；(4) 关注学习的趣味性。

根据调查结果，有以下四个发现。(1) X 老师教案有着明确的单元大观念——动物的一生,其核心目标是学生能理解动物都有出生、成长、死亡的过程,同时还设计了单元层面的大问题,课时教案重视观念或来自观念转化的问题;Y老师没有设计单元层面的教学方案,所呈现的8个课时教案贯穿了动物从出生到死亡的教学内容。(2)X老师教案设计了完整的学习流程,以蚕宝宝为例呈现了其演变过程,让学生观察或观看动物一生的变化;Y老师教案虽有设计学习环节,但环节之间缺乏连贯性,学习内容之间缺乏递进关系。(3)X老师教案注重引导学生思考,明确提出让学生带着问题进行探索,体现以学生为中心的学习理念;Y老师教案比较注重讲授教学,学生自主活动探究时间相对较少。(4)针对蚕宝宝的生长过程,X老师让学生进行现场养殖,观察蚕由蛹到蝶的蜕变过程,重视应用视觉、听觉、触觉等官能;Y老师则让学生通过观看录像了解蚕由蛹到蝶的蜕变过程。

X老师有总体教学设计思想,而Y老师缺乏总体设计思想,这集中体现在如下X老师对单元整体认识的描述:"本单元研究动物的一生,需要回答:动物的生命活动存在周期现象吗?通过对该问题的探索,学生会理解繁殖的意义,感受动物生命过程的丰富多彩。本单元以蚕的一生为研究载体,由蚕的一生延伸到昆虫的一生,再到更多动物的一生。由个别到一般、由个性到共性构建动物生命周期的模型,通过观察蚕在不同阶段的形态结构及生命活动现象,帮助学生理解结构与功能的联系。整个单元饲养、观察、记录、交流、展示等活动贯穿始终,力图培养学生的观察能力、记录能力、资料整理能力、提取有效信息形成结论的能力等,引导学生用结构与功能、局部与整体、多样性与共同性相统一的观点来认识世界。"

（二）设计并完善访谈提纲

访谈提纲初拟完成后，让两位专家提改进建议，同时向5位X班级学生了解他们对访谈内容的理解情况，最后形成下表所示的访谈提纲：

> ◎你觉得这个单元的学习主题是什么？
> ◎在整个单元的学习过程中，你是否感觉到有个明确问题或主题引导你去探究？
> ◎在探究过程的大部分时间，你和同学一起开展探究了吗？
> ◎在探究过程中，你是否对每次新课都充满期待？
> ◎你能否举例说说本单元中让你觉得特别有意思的一件事，并说说为什么？
> ◎课堂上，有哪些学习过程让你觉得很兴奋/惊奇？
> ◎在学习过程中，你是否遇到过一些学习困难，但通过努力，这些困难帮你更好地理解了单元知识？
> ◎这段时间你遇到过与动物一生有关的事情吗？对此你是怎么想或怎么做的？

（三）进行课堂观察并访谈学生

本研究采取了参与式观察，该方法是指研究者对自然情境中的事件、行为进行观察，并记录各种资料和信息，归纳提取相关主题。具体来说，研究者将进入教学现场，观察和记录学生，以便为后续研究提供信息。如下课时1与课时2的内容节选自研究者观察到的两节课中X班级学生的表现片段。

课时1：迎接蚕宝宝的到来

［教师提问："刚才大家发现蚕宝宝和我们人类一样，有生有死。如果想了解它，要从哪里开始呢？"学生回答后，继续提问："你观察过蚕卵吗？你以前是用什么方法和工具观察的？观察的时候遇到什么困难吗？"然后教师出示放大镜和尺子，

提问:"如果给你这些工具,能帮助你解决困难吗？你准备用这些工具观察蚕卵的什么特征?"]

（1）学生以小组为单位,应用放大镜和尺子观察蚕卵,并将蚕卵的特点以图片和文字的形式记录在活动手册上。

（2）小组代表汇报蚕卵的主要特征:颜色为紫黑色或灰绿色,形状为椭圆形,很小(长约1毫米,宽约1毫米,厚度约0.5毫米),用放大镜可观察到蚕卵中心是凹下去的。

课时2:蚕长大了

[小组活动:观察蚕]

（1）学生观察蚕的身体结构:数一数蚕的身体有几节,每节各有什么特征,一边观察一边完成活动手册的记录。

（2）学生用放大镜观察蚕的口器。

（3）学生将蚕放在玻璃片上,观察它的运动方式。

（4）学生用棉签轻轻触碰蚕的身体,观察蚕对外界刺激的反应。

上述课堂观察完成1个月后,本研究还对X班级学生进行了访谈调查。在研究过程中访谈了多位学生,并对访谈内容编码、整理分析,然后归纳出若干学生经历的事件或感受,这些将为后续美感经验的测量提供验证的依据。下表节选了中等生B的访谈记录:

研究者:你觉得这个单元的学习主题是什么？
中等生B:学习动物是如何生小宝宝的,动物是胎生还是卵生,观察蚕的器官和生长过程。
研究者:在整个单元的学习过程中,你是否感觉到有个明确问题或主题引导你去探究？
中等生B:蚕是怎么变成的。

(续表)

研究者:	在探究过程的大部分时间,你和同学一起开展探究了吗?
中等生B:	有,在家养蚕,有些同学会来我家一起看看蚕发生了什么变化。
研究者:	在探究过程中,你是否对每次新课都充满期待?
中等生B:	是的,期待蚕会发生什么变化,长成什么样子。
研究者:	你能否举例说说本单元中让你觉得特别有意思的一件事,并说说为什么?
中等生B:	剪开蚕蛹,看看里面发生了什么变化,蚕变成什么样子。
研究者:	课堂上,有哪些学习过程让你觉得很兴奋/惊奇?
中等生B:	迎接蚕宝宝的到来(兴奋);蚕从卵里出生的过程(惊讶)。
研究者:	在学习过程中,你是否遇到过一些学习困难,但通过努力,这些困难帮你更好地理解了单元知识?
中等生B:	困难是不同动物的卵会分不清,但学习后能更好地帮助我知道哪些动物是胎生,哪些动物是卵生。
研究者:	这段时间你遇到过与动物一生有关的事情吗?对此你是怎么想或怎么做的?
中等生B:	在电视上看到小老虎的出生过程,很有趣,我不由地想起蚕宝宝的相关知识。

(四)界定美感经验的问卷调查内容

为便于调查操作,对问卷部分 3 个维度采取如下界定。(1) 主动应用:愿意应用所学知识解释现象,解决问题。(2) 知觉扩展:愿意富有深度与广度地思考,从不同视角看到不同意义,把所学知识与自己的学习和生活联系起来。(3) 学科认同:觉得学科有趣、好玩,认为学科对自己的生活和未来工作有价值。

(五)开发并完善问卷

本研究采纳了皮尤的问卷[①],该问卷共 16 题。结合本单

---

① PUGH K J. Transformative experience measure for teachers[EB/OL]. https://learningandexperienceblog. wordpress. com/transformative-experience/, 2019 - 12 - 16.

元具体教学内容初步筛选了其中 15 个题目,并向学生咨询是否了解各个题项的含义,进一步调整个别题目,从学生角度改进题目的表达,最后得到下表所示 8 个题目。在这 8 个问题中,主动应用维度指向题 1、2、3,知觉扩展维度指向题 4、5,学科认同维度指向题 6、7、8,(进行问卷调查时打乱题目次序)。这些题项设计主要按照校内、校外两个层面进行,而校外又进一步从程度上进行划分,如在校外应用所学知识、在校外积极应用所学知识。考虑到小学生的认知水平,该问卷放弃了五点量表法,设计了四种水平量表:1 代表完全不同意,2 代表基本不同意,3 代表基本同意,4 代表完全同意。该问卷的 Cronbach's α 系数为 0.75,KMO 值为 0.89,表明问卷具有较好的信度与效度。

根据你的判断,请在右边 4 级评定的相应数字上打"√"。	完全不同意	基本不同意	基本同意	完全同意
1. 在课堂上,我思考如何把动物生与死的知识应用到真实世界中。	1	2	3	4
2. 在校外,我使用"动物的一生"的知识。	1	2	3	4
3. 在课堂上,我注意到关于动物生与死的其他例子。	1	2	3	4
4. 在校外,我会自觉地思考有关"动物的一生"的知识。	1	2	3	4
5. 在校外,当我发现有趣的动物,我会想起课堂上"动物的一生"的知识。	1	2	3	4
6. 在课堂上,我发现学习动物相关的知识很有趣。	1	2	3	4
7. 我发现,有关"动物的一生"的知识让我的校外经验变得更加有趣。	1	2	3	4
8. 蚕宝宝的长大过程让我觉得动物世界更加有趣。	1	2	3	4

(六)分析课堂体验信息与问卷数据的关系

1. 从课堂观察看两者关系

本研究中,学生在课堂上的体验主要是通过学生的行为和学生的访谈内容反映出来的,通过对课堂行为进行观察分析,可发现本单元学习中存在如下几个方面的特征:

(1)明确的学习主题:学生围绕《动物的一生》展开探究。

(2)完整的学习过程:学生在课堂上经历蚕宝宝的诞生过程,完成对动物由生到死的探究。

(3)科学的探究精神:学生在课堂上完成对蚕宝宝诞生的探究,如他们"用棉签轻轻触碰蚕的身体,观察蚕对外界刺激的反应"。

(4)运用了各种感官:学生不仅用大脑思考,还应用身体学习,如学生通过手来感受蚕宝宝。

(5)表现出兴奋与好奇:学生全身心投入探究,经常可看到他们兴奋的表情,听到惊讶的声音。

这些信息表明,学生在课堂上富有期望地开展探究,探究过程激发了他们的好奇心,让他们从中感到喜悦,获得完满的经验。那么,这些信息总体上与3个班级的问卷数据是否一致呢?统计显示,主动应用的均分为3.343 4,知觉扩展的均分为3.360 3,学科认同的均分为3.487 4,在最高分为4的情况下,3个班的均分都大于3,反映出学生获得了较高的美感经验。这总体上与观察到的信息是一致的。

2. 从访谈内容看两者关系

从3位学生的访谈内容来看(按科学成绩划分,3位学生分别为优秀生 A、中等生 B、学困生 C),如果对访谈内容做进一步分析,还可得到学生的课堂体验与其在美感经验三个维度上的表现,见下表。

受访者	第一部分　从访谈中主题化学生课堂体验				
	学习主题	完整历程	探究精神	多感官应用	兴奋与好奇
A	蚕的一生经历的过程。	研究了蚕有几对足,蚕除了食用桑叶外还能吃什么?	蚕吃桑叶很值得观察,可用放大镜去观察蚕如何吃,用耳朵听蚕吃的时候有无声音。	用了手、耳、脑。	蚕破茧而出时(兴奋)。
B	动物生小宝宝;动物是胎生还是卵生;蚕的器官和生长过程。	在家养蚕,有些同学会来我家一起看看蚕发生了什么变化?	是的,期待蚕会发生什么变化,长成什么样子。	除了脑外,还用手去摸蚕宝宝。	迎接蚕宝宝的到来(兴奋);蚕从卵里出生的过程(惊讶)。
C	养蚕;蚕的一生;蚕的变化。	蚕的一生会有什么变化呢?	想知道蚕蛾是通过什么方法钻出茧的,但没有去查资料或者问老师。	用了手和脑。	蚕蛾钻出蚕茧的过程很有意思。
受访者	第二部分　从访谈中节选学生在美感经验三个维度上的表现				
	问卷得分	☑主动应用;☑知觉扩展;☑学科认同			
A	3.23	在确保成绩的基础上,这段时间我应用"动物的一生"的知识解释大象为什么会死。(主动应用)			
B	3.32	电视上看到小老虎的出生过程,很有趣,我不由地想起蚕宝宝相关的知识。(知觉扩展)			
C	2.92	《动物的一生》课堂很好玩,我很喜欢。(学科认同)			

该表表明，从三位学生访谈中提炼出的主题与上文课堂观察分析得到的主题是一致的，即课堂观察内容与学生访谈内容相互支持；课后学生表现出美感经验的主动应用、知觉扩展、学科认同；学生的问卷得分与均分比较接近，体现出较高的美感经验；3位学生问卷部分的数据与访谈内容也基本一致。如对于受访者A，其三维度问卷得分为3.23，这与其访谈内容"在确保成绩的基础上，这段时间我应用'动物的一生'的知识解释大象为什么会死""我将来不想当科学家，但需要科学成绩好"是匹配的。

由此可见，课堂观察与访谈内容具有内在一致性，它们总体也与问卷数据相互支持；这进而说明课堂体验与美感经验三维度之间是呼应的，相比质变经验框架，应用图3.1框架分析美感经验更为全面，更能揭示美感经验的发生过程与结果。

（七）比较X班级与Y班级的美感经验

本研究的一个重要前提是，美感经验的获得需要教师开展基于观念的教学，尽管"调查两位教师单元教学设计"这一环节在很大程度上显示了教师是否基于观念的教学，但还极有必要了解不同的两类班级在本次单元教学中，它们各自获得的美感经验是否有所差异。下表呈现了两类班级美感经验的相关数据，从中可以看出，总体上X班级在3个维度上的均分高于Y班级；在主动应用和知觉扩展维度上，两类班级存在显著差异，而在学科认同维度上没有表现出显著差异。

	Mean		Sum of Squares	F	Sig.
主动应用	X 3.343 4 Y 3.174 1	Between Groups	1.352	4.933	.028
知觉扩展	X 3.360 3 Y 3.188 9	Between Groups	1.385	5.117	.025
学科认同	X 3.487 4 Y 3.347 2	Between Groups	.926	3.579	.060

三、研究结论与展望

基于上述研究过程,结合本研究欲回答的 3 个问题,得到了相应的研究结论,并在此基础上总结出研究展望。

(一) 研究结论

第一,教学方案和两类班级数据统计分析表明,X 老师的教学能围绕(大)观念进行,设计了有利于学生进行完整探究的学习历程。学生在这样的课堂上围绕一个主题,经历了探究,获得喜悦。这样的课堂特征正是通过观念推动教学产生的,它们为学生获得美感经验提供了可能。相比之下,Y 老师更注重教师本人的讲授,较少关注问题或任务驱动的教学。两类班级的美感经验有所差异,X 班级均分高于 Y 班级均分,在主动应用和知觉扩展两个维度上,两类班级具有显著差异,而在学科认同上没有显著差异。

第二,课堂观察和对访谈信息与问卷数据的分析显示,X 班级学生在(大)观念的引导下,他们的学习富有探究精神,在探究过程中运用多种感官,能够体验到学习带来的兴奋和惊奇。这些过程恰恰是美感经验产生的过程。这也在很大程度上说明,图 3.1 所示的美感经验框架具有内在自洽性。换言之,从过程上看学生经历的美感经验与从结果上看学生表现出的美感经验是紧密关联的,该框架得到了理论与实践的支持。

第三,进一步分析问卷数据可知,学生美感经验的主动应用、知觉扩展、学科认同之间存在高度正相关性。如果深而究之,也较易理解它们之间的紧密关系。当学生主动应用了知识,通常会带来知觉扩展,知觉扩展又通常会促进学生主动应用知识,这些进而会提升学生的学科认同,而学科认同反过来会促进学生主动应用知识、扩大知觉范围。

(二) 研究展望

上述研究更多是指向框架本身是否成立,还存在许多限制与不足,后续研究中将至少在以下三个方面做及时跟进的探讨。

第一,样本数量与时间不足,问卷调查需要更精细。在样本数量上,本研究样本数量为 257 例,真正有效问卷为 117 份,有效访谈人数为 3 人。如果做更广泛的外推,还需大样本验证。在时间上,本研究只发生在一个单元的教学时间内,这么短的时间很可能无法产生深度的美感经验。同时,两类班级在主动应用和知觉扩展两个维度有显著差异,但在学科认同上并未显示显著差异。其原因或许在于,学科认同指向价值态度,其养成需要长期的教学影响,需要较长时间的积累。在问卷调查过程中,还有必要从学生角度润色语言。从国外相关研究[1]来看,对照班级学生之间的美感经验存在差异,这在一定程度上为本研究提供辅助证明。

---

[1] KOSKEY K L K, SONDERGELD T A, STEWART V, et al. Applying the mixed methods instrument development and construct validation process: the transformative experience questionnaire[J]. Journal of mixed methods research,2018,12(1):95-122.

第二，未曾探讨美感经验的产生机制，基于观念的教学有待深入研究。美感经验深受多种因素影响，如身份认同、社会背景、概念理解程度都是影响美感经验的重要因素，然而关于这方面的研究还极其薄弱。[1] 如果要真正理解并落实美感经验，势必要明晰其内在机制。基于观念的教学乃其中的重要内容。但本研究仅有1个老师开展了基于观念的教学。鉴于基于观念的教学与美感经验的关系，极有必要对其进行全面系统的梳理，例如观念是从哪里来的，是如何推动学习的，又是怎样转化为教学实施程序或框架的。

第三，受限于基础理论研究，亟待拓宽研究范围。本研究主要以"经验"为抓手，但我们不能局限于此。随着研究的推进，可扩展至课程诗学研究的各个领域。美感经验分析框架的验证不仅为美感经验提供评价工具，还可以此为抓手探讨其与课程教学各因素之间的关系，从而为课程教学提供富有解释力的建议。例如，我们可研究学生美感经验与学生对某一概念的理解之间的关系，或者研究学生美感经验与教师教学方法的关系。但本研究仅仅研究了分析框架，亟待拓宽研究外延，进而让分析框架本身更加丰富。

---

[1] PUGH K J. Newton's laws beyond the classroom walls[J]. Science education, 2010, 88(2): 182-196.

第二部分 案例研究所涉及的资料

资料1:《动物的一生》单元教学设计[①]

一、课标分析

本单元内容属于生命科学领域,对接生命科学领域的第7个大观念:动物的一生都要经历出生、成长、繁殖、死亡的生命历程。下述目标内容摘自课程标准与教学参考。

学习内容	学习目标(3—4年级)
7.1 生物具有区别于非生物的特征。	描述生物的特征;知道生物与非生物具有不同的特点。
7.2 地球上存在不同的动物,不同的动物具有许多不同的特征,同一种动物也存在个体差异。	能根据某些特征对动物进行分类;识别常见的动物类别,描述某一类动物(如昆虫、鱼类、鸟类、哺乳类等)的共同特征;列举我国的几种珍稀动物。
9.1 动物通过不同的器官感知环境。	举例说出动物通过皮肤、四肢、翼、鳍、鳃等接触和感知环境。
9.2 动物能够适应季节的变化。	举例说出动物适应季节变化的方式;说出这些变化对维持动物生存的作用。
11.1 生物有生有死;从生到死的过程中,有不同的发展阶段。	举例说出植物和动物从生到死的生命过程。

[①] 注:资料整理自笔者与浙江省平阳县特级教师应小敏的合作成果,本部分内容已得到该教师的授权。

(续表)

学习内容	学习目标(3—4年级)
11.2 生物繁殖后代的方式有多种。	描述和比较胎生和卵生动物繁殖后代方式的不同。
12.2 动物的生存依赖于植物,一些动物吃其他动物。	列举动物依赖植物筑巢或作为庇护所的实例。
12.4 自然或人为干扰能引起生物栖息地的改变,这种改变对于生活在该地的植物和动物的种类、数量可能产生影响。	举例说出人类生产、建筑等活动对动植物生存产生的影响。

科学探究目标包括:

(1) 提出问题:在教师引导下能从具体现象与事物的观察、比较中提出感兴趣的问题。

(2) 作出假设:在教师引导下能基于已有经验和所学知识,从现象和事件发生的条件、过程、原因等方面作出假设。

(3) 制订计划:在教师引导下能基于所学知识,制订简单的探究计划。

(4) 收集证据:在教师引导下能运用感官选择恰当的工具、仪器,观察并描述对象的外部形态特征及现象。

(5) 处理信息:在教师引导下能用比较科学的词汇、图示符号、统计图表等方式记录整理信息,陈述证据和结果。

(6) 得出结论:在教师引导下能依据证据运用分析、比较、推理、等方法概括结果,得出结论。

(7) 表达交流:在教师引导下能正确讲述自己的探究过程与结论,倾听别人的意见并与之交流。

(8) 反思评价:在教师引导下反思探究过程、方法和结果,做出自我评价与调整。

科学态度目标包括:

(1) 探究兴趣:能在好奇心的驱使下,对常见的物体特征以及生活中的科学现象、自然现象表现出探究兴趣。

（2）实事求是：在科学探究中能以事实为依据，不从众，不轻易相信权威与书本；面对有说服力的证据，能调整自己的观点。

（3）追求创新：能坚持不懈对蚕的一生进行长期观察；乐于尝试运用多种方法完成科学探究，体会创新乐趣。

（4）合作分享：能接纳他人的观点，完善自己的探究；能分工协作，进行多人合作的探究学习；乐于为完成探究活动，分享彼此的想法，贡献自己的力量。

科学、技术、社会与环境目标包括：意识到先进的技术有利于人类进行有效的科学研究；了解人类生活可能对生物环境造成破坏；初步具有热爱自然、热爱生命、保护环境的意识和社会责任感。

二、学情分析

养蚕是学生非常喜欢的科学实践活动，本单元以养蚕活动为载体，通过观察研究蚕的一生，引发学生对研究更多动物的兴趣，帮助学生构建动物生命周期模型。但学生对于养蚕的兴趣只停留在"养"上，不能坚持观察与记录，且学生对于蚕的完整的一生并不是很清楚，也不知道蚕是一种完全变态发育的昆虫，一生要经历卵—幼虫—蛹—成虫四个形态和生理机能上完全不同的发育阶段。

三、教材分析

饲养小动物是小学生喜闻乐见的科学实践活动，本单元在一年级"动物"单元观察蜗牛、鱼等常见动物的基础上，以养蚕及观察蚕的生长变化活动为主要线索，引导学生在亲历养蚕的过程中观察蚕的生命需求、不同时期蚕的形态结构及与其相适应的生命活动现象,了解蚕的繁殖方式,建立生命周期模型。单元内容由蚕的繁殖拓展到其他动物繁殖、由蚕的一生拓展到昆虫的一生及更多动物的一生,在此过程中学生将认识昆虫、鱼类、鸟类、哺乳动物等常见的动物类别。

四、学科核心素养

结合课标分析、学情分析、教材分析,确定了两项学科核心素养:一是科学探究与交流,即仔细观察与准确描述;二是科学探究能力,即收集证据与表达交流。

五、单元的学习要求及大问题

本单元大观念为动物的一生,即动物都有出生、成长、死亡的过程。单元总目标为通过探究与实验,学生能够理解动物的生命活动和生命周期现象,构建动物生命周期模型,理解繁殖的意义,感受动物生命过程的丰富多彩,养成珍惜生命的意识。具体而言,本单元以蚕的一生研究为载体,由蚕的一生延伸到昆虫的一生,再到更多动物的一生。单元分目标有如下两个:一是由个别到一般、由个性到共性构建动物生命周期的模型,通过对不同阶段蚕的形态结构及生命活动现象的观察,学生能理解结构与功能的联系;二是通过对蚕宝宝的饲养、观察、记录、交流、展示等活动,学生能够获得一定的观察能力、记录能力、资料整理能力、提取有效信息形成结论的能力等,学会用结构与功能、局部与整体、多样性与共同性相统一的观点认识世界,养成爱惜动物,热爱自然、社会、人类的情感。为了更好地落实上述学习要求,本单元设计了一个大问题:动物的一生经历了哪些阶段?它的实质是大观念的问题化表征。在该问题的驱动下,整个单元以探究学习的方式展开。

六、评价设计

1. 知识技能方面的评价

（1）主要概念达成的要求及评分规则

表现性任务	评分规则 ☆☆☆	☆☆	☆	呈现形式
像蚕一样，动物都要经历从生到死的生命过程	能从观察记录中找到各种证据	基本能从观察记录中找到各种证据	只能说出少量证据	表达与记录
动物都能繁殖后代，不同的动物繁殖方式不同	能清楚知道各种动物的繁殖方式	基本能清楚知道各种动物的繁殖方式	不清楚各种动物的繁殖方式	表达与记录

（2）指向科学探究与科学态度的表现性任务及其评分规则

表现性任务	评分规则 ☆☆☆	☆☆	☆	呈现形式
能制订研究蚕生长变化的观察计划	计划可行	计划基本可	计划不可行	维恩图
能根据观察计划进行长期观察，研究蚕的一生	观察准确，并获得相关证据	观察比较准确，并获得较多证据	观察不太准确，证据获得不多	现象记录
能运用摄像、拍照、画图、写观察日记与观察记录表等方式记录蚕的生长变化	观察描述准确	观察描述基本准确	观察描述不太准确	现象记录

(续表)

表现性任务	评分规则 ☆☆☆	评分规则 ☆☆	评分规则 ☆	呈现形式
能基于证据描述蚕一生的生长发育过程	观察仔细,及时记录,描述准确	基本能观察仔细,及时记录,描述准确	观察记录不及时,不完整	现象记录
能利用建模的方法呈现昆虫一生的生长变化过程	能掌握建模的方法	基本能掌握建模的方法	不能掌握建模的方法	现象记录
能抓住主要特征对动物及动物卵进行分类	能合理分类	基本能合理分类	不能合理分类	现象记录
能根据观察所获得的信息,对蚕的生长发育的趋势进行预测	能有依据地预测	能比较有依据地预测	不能有依据地预测	现象记录
能对自己饲养和观察蚕的过程、方法进行反思和评价	单元总结,梳理关系清楚、反思到位	单元总结,梳理关系比较清楚、反思比较到位	单元总结,梳理关系不清楚、反思不到位	现象记录

(3) 对蚕的一生能坚持观察记录(共 10 颗☆)

观察记录时有时无,得 3 颗☆;坚持观察记录,但记录信息不准确、不完整,得 5 颗☆;坚持观察记录,且记录信息准确、完整,得 10 颗☆。

(4) 课堂常规表现,具体评价标准如下:

课堂表现	评分要求	自评	互评	师评
会倾听	能听老师说,能听同学发言	☆☆	☆☆☆	☆☆☆
会合作	不抢材料,不和同学打闹,主动参与	☆☆☆	☆☆☆	☆☆☆
会记录	记录认真,记录得符合事实	☆☆	☆☆☆	☆☆☆

2. 美感经验方面的评鉴

(1)《动物的一生》美感经验问卷

根据你的判断,请在右边4级评定的相应数字上打"√"。	完全不同意	基本不同意	基本同意	完全同意
1. 在课堂上,我思考如何把动物生与死的知识应用到真实世界中。	1	2	3	4
2. 在校外,我使用"动物的一生"的知识。	1	2	3	4
3. 在课堂上,我注意到关于动物生与死的其他例子。	1	2	3	4
4. 在校外,我会自觉地思考有关"动物的一生"的知识。	1	2	3	4
5. 在校外,当我发现有趣的动物,我会想起课堂上"动物的一生"的知识。	1	2	3	4
6. 在课堂上,我发现学习动物相关的知识很有趣。	1	2	3	4
7. 我发现,有关"动物的一生"的知识让我的校外经验变得更加有趣。	1	2	3	4
8. 蚕宝宝的长大过程让我觉得动物世界更加有趣。	1	2	3	4

(2)《动物的一生》美感经验访谈提纲

◦你觉得这个单元的学习主题是什么?
◦在整个单元的学习过程中,你是否感觉到有个明确问题或主题引导你去探究?
◦在探究过程的大部分时间,你和同学一起开展探究了吗?

(续表)

○在探究过程中,你是否对每次新课都充满期待?
○你能否举例说说本单元中让你觉得特别有意思的一件事,并说说为什么?
○课堂上,有哪些学习过程让你觉得很兴奋/惊奇?
○在学习过程中,你是否遇到过一些学习困难,但通过努力,这些困难帮你更好地理解了单元知识?
○这段时间你遇到过与动物一生有关的事情吗? 对此你是怎么想或怎么做的?

注:访谈了3位学生,访谈记录见资料4。

七、设计单元学习活动

1. 选择有意义的教学内容

基于单元学习结果与评价设计方案,确定本单元要探究的蚕宝宝知识,筛选教材内容以及视频录像、PPT等资料。

2. 引发探究的观念

单元层面的大观念为"动物都有出生、成长、死亡的过程",可转化为单元层面的大问题"动物的一生经历了哪些阶段"。单元层面的大观念可转化为课时层面的小"观念",单元层面的大问题可转化为课时层面的小"问题"。这些课时层面的观念主要通过教师讲解、问题情境导入等方式让学生独立提出。

3. 提供示范与支架

教师在教学中可讲述亲身所经验的美感,或者让学生说出一些有关美感经验的感受。同时引导学生应用本单元知识去观察生活,说出所看到的现象与自己的感受和理解。

综合三部分内容,可得到下表所示的 8 个关键问题及相关的学习活动。这 8 个关键问题是课时层面的问题,它们受统领于单元层面的大问题"动物的一生经历了哪些阶段",而大问题乃经单元大观念"动物都有出生、成长、死亡的过程"转化而来。

主题	关键问题	具体学习活动
迎接蚕宝宝的到来	怎样观察记录蚕一生的生长变化呢?	1. 观察蚕卵的大小、形状,并记录。 2. 为蚕宝宝建造一个"家"。
认识其他动物的卵	动物的卵里都有什么呢?	1. 观察不同动物的卵,与蚕卵比较找出它们的相同点和不同点。 2. 观察鸡蛋的内部结构。
蚕长大了	刚出生的蚕的幼虫是什么样的?长大一些的幼虫又是什么样子呢?	1. 观察蚕房中的蚕的生活。 2. 观察蚕茧中的蚕蛹。
蚕变了新模样	蚕茧是怎样形成的?茧中的蚕蛹又是什么样的呢?	1. 描述我们观察到的蚕吐丝结茧的过程。 2. 交流自己观察所得。
茧中钻出了蚕蛾	与蚕的幼虫和蛹相比,蚕蛾的生活习性发生了什么变化?	1. 交流观察新发现。 2. 观察蚕蛾。
蚕的一生	蚕的一生经历了怎样的过程?	1. 展示交流我的观察记录。 2. 将蚕的生长变化图按顺序排列。
动物的繁殖	哪些动物生小动物的方式与蚕相似?哪些与蚕不同呢?	1. 调查更多的动物,说一说它们与蚕的相似之处。 2. 调查猫或狗繁殖后代的过程。
动物的一生	其他动物的一生又是怎样的呢?	1. 了解鸡的一生。 2. 了解狗的一生。 3. 了解更多哺乳动物的一生。 4. 了解我们的一生。

资料2:《动物的一生》课时教学设计(节选)

一些更为细微具体的教学活动体现在课时教案上,为节省篇幅,下表节选了教案的部分内容。在教学过程中,教师将引导学生提出设想或想法,如在课题1"迎接蚕宝宝的到来"中,在学生观察视频后,教师通过提问引出课题1的观念"蚕宝宝有生有死",然后引出课题1所含活动3"制定蚕的一生观察计划"。

课题1:迎接蚕宝宝的到来	
教学目标	1. 科学概念:知道蚕卵的外部形态特征,蚕的一生从卵开始,蚕卵孕育着新生命;知道蚕宝宝是由蚕卵孵化出来的,蚕卵孵化需要适宜的温度和水分。 2. 科学探究:用画图、文字的方法记录蚕卵的外部形态特征;通过收集资料或访谈获得养蚕的相关知识;制定切实可行的观察计划,用于观察记录蚕一生的生长变化;观察蚕卵孵化小蚕的过程,并按照计划做好记录。 3. 科学态度:对养蚕、观察蚕卵及蚕卵的变化表现出浓厚的兴趣;对饲养的蚕表现出爱心与责任心,能细心照管蚕宝宝;能在课后坚持观察记录。 4. 科学、技术、社会与环境:了解并意识到人类不断改进养蚕技术以满足自己的需求。
教学流程:过程设计(突出主问题与关键学习活动设计,节选)	
活动3:制定蚕的一生观察计划 1. 提问:"养蚕是一件漫长的事,在此期间我们应该怎么做?"(引导学生说出"制定计划") 2. 思考:(1)观察蚕的一生中我们应该重点观察什么?(2)你会选择什么工具进行观察?(3)你会选择什么方法记录? 3. 出示观察计划表,在教师的指导下,小组完善记录表。	
蚕的一生观察计划 开始饲养时间:	

(续表)

	课题2：认识其他动物的卵
教学目标	1. 科学概念：知道许多动物是通过产卵繁殖后代的，不同动物的卵有不同的外部形态，有些有外壳，但内部结构相似；知道鸡卵有卵壳、卵黄、卵白、气室等结构以及它们的作用。 2. 科学探究：观察比较不同动物卵的外部形态特征，给卵分类；观察并能识别鸡卵的内部结构，根据卵各部分结构的特点，推测各部分的功能。 3. 科学态度：对卵为什么能孵化出小动物感到好奇，表现出对动物卵的探究兴趣；课后继续观察蚕的生长变化，感受长期观察的价值和意义。 4. 科学、技术、社会与环境：通过了解和观察生活中常见动物的卵，感受动物与人类的关系以及生命的神奇，进一步体会科学就在身边。
教学流程：过程设计（突出主问题与关键学习活动设计，节选）	

活动1：观察和交流不同动物卵的相同和不同之处
1. 用PPT展示生活中的常见动物和它们的卵，提问：不同动物的卵一样吗？有哪些相同和不同呢？（建议引导学生用"××卵和××卵比较，相同的地方是……，不同的地方是……"句式作答）
2. 提供3种动物的卵，要求学生看一看、闻一闻、摸一摸。师生交流小结：各种动物的卵有很多相同和不同之处。

	课题3：蚕长大了
教学目标	1. 科学概念：知道在适宜的环境条件下，蚕的幼虫身体逐渐长大，伴随着休眠和蜕皮现象；知道蚕的生长发育需要适宜的温度、水分、氧气和食物；描述蚕的幼虫分为头、胸、腹三部分；身体有口、眼、足、气孔等结构与取食、运动、呼吸等功能相适应。 2. 科学探究：会养蚕，能够经历小蚕不断长大的过程，能用文字和图画描述幼蚕的形态特征；能够基于观察到的现象推测幼蚕身体变化及生命活动现象。 3. 科学态度：对养蚕活动和研究蚕的生长变化保持浓厚的兴趣；能够领悟到生命的可爱和可贵，懂得珍爱生命；能够感悟到在一段时间里坚持做好观察记录的重要性。 4. 科学、技术、社会与环境：能体会到动物健康生活需要适宜的环境，人类行为影响动物生存；知道蚕丝在日常生活中的应用，进一步体会到人类生活与动物息息相关。

(续表)

教学流程:过程设计(突出主问题与关键学习活动设计,节选)
活动2:探索蚕的生命活动和结构特征 1. 提问:"从孵化到现在,你观察到了蚕的哪些活动现象?"(预设:一直进食、会排便、爬来爬去、有时会一动不动、会脱皮。) (1) 用PPT展示蚕吃桑叶、排便的图片及视频资料。(蚕主要的食物是桑叶,也可以喂养莴苣叶和专门的饲料;进食后的蚕会有排便的行为。) (2) 用PPT展示正在蜕皮的的蚕的图片和休眠的图片。(蚕在生长期间,蜕去旧皮长出新皮,叫蜕皮;休眠是蚕要蜕皮的征兆。) 2. 提问:"对于蚕的幼虫,你还有哪些想知道的秘密?"(预设:蚕的眼睛在哪里? 它的鼻子、嘴巴长在哪儿? 尾巴上的刺有什么用? 蚕是用什么呼吸的? 它是怎么感知周围环境的? 眼睛、嘴巴、刺等归结为身体结构的秘密、呼吸的秘密、运动的秘密、对外界刺激的反应。) 3. 小组活动观察蚕(建议可从以下几个方面组织学生展开观察): (1) 观察蚕的身体结构(数一数蚕的身体有几节,每节各有什么特征,一边观察一边完成活动手册记录)。 (2) 用放大镜观察蚕的口器(在教师的指导下,在观察蚕的口器时可喂食桑叶,以便于观察)。 (3) 将蚕放在玻璃片上,观察它的运动方式。 (4) 用棉签轻轻触碰蚕的身体,观察蚕对外界刺激的反应。 将观察结果记录下来。当然,我们也可以像观察蚕这样去观察生活中饲养的其他小动物。

	课题4:蚕变了新模样
教学目标	1. 科学概念:蚕蛹是蚕生长发育的一个重要阶段,是蚕的一种生命形态;蚕蛹发育自蚕的幼虫,身体分为头、胸、腹三部分,身体外部特征与幼虫区别很大。 2. 科学探究:能够通过观察获得的信息推测蚕茧中有蛹,以及蚕蛹身体可能发生的变化;能用画图的方法记录蚕蛹的外部形态特征;能用比较的方法研究蚕蛹与幼虫的相同与不同,进一步认识两者的关系。 3. 科学态度:能够坚持观察并记录蚕吐丝结茧的过程;能够在好奇心的驱使下对蚕的生长变化保持探究兴趣;能够真实记录并描述自己观察到的现象。 4. 科学、技术、社会与环境:能通过蚕丝与人类的关系,理解人类的生活依赖自然,并可以通过技术合理地利用自然资源改善自己的生活。

(续表)

教学流程:过程设计(突出主问题与关键学习活动设计,节选)
活动1:观察蚕茧 1. 展示蚕茧图片,提问:"蚕茧是怎么形成的?"学生描述自己观察到的现象,如表述不是特别清晰可以借助视频进一步描述(在适当时候播放"蚕吐丝"视频)。 2. 提问:"蚕宝宝吐丝结茧时不断地把自己包裹在里面,此时你最关心的是什么?" 3. 学生表达自己的想法,提出自己的疑问。(预设:蚕宝宝是不是还活着? 蚕为什么要结茧? 蚕宝宝接下来会干什么? 蚕宝宝接下来会变成什么?⋯⋯) 4. 梳理学生的问题并呈现在板书或课件中,引导学生通过观察蚕茧解决疑问。 5. 提供手电、放大镜等器材观察蚕茧。重点指导学生说说形状、看看颜色、量量尺寸、摸摸质地、探探内部⋯⋯ 6. 学生模拟蚕宝宝的变化过程,现场进行表演。

	课题5:茧中钻出了蚕蛾
教学目标	1. 科学概念:知道蚕蛾是蚕的成虫,是由蚕蛹发育来的;知道蚕蛾身体分为头、胸、腹三部分,头上长有一对触角、胸部长有2对翅膀和3对足;知道雌蛾和雄蛾交配后,雌蛾产卵繁殖后代;知道蚕是昆虫,昆虫类动物具有共同的特征。 2. 科学探究:能基于课前观察记录的信息描述蚕蛾的主要生命活动现象,识别雄性蚕蛾和雌性蚕蛾;能够基于观察用图的形式描述蚕蛾的外部形态特征;能基于蚕蛾和蚕蛹的观察比较,推测蚕蛾身体各部分结构与蚕蛹的联系。 3. 科学态度:愿意采用各种手段和方法观察蚕蛾,在活动中感悟生命的神奇;敢于表达观察所得,乐于分享观察蚕蛾生命过程的收获。 4. 科学、技术、社会与环境:能较长时间地坚持观察和记录,体验到科学探究的艰辛和乐趣。

教学流程:过程设计(突出主问题与关键学习活动设计,节选)
活动2:观察蚕蛾的外形特征 (1) 小组观察蚕蛾的外形特征:身体分为几部分? 各部分怎么样? 有哪些器官? (2) 用PPT展示图片,全班讨论梳理蚕蛾的外形特征。

(续表)

(3) 小结:蚕蛾全身披着白色鳞毛,身体分为头、胸、腹三部分;头部呈小球状,长有鼓起的一对复眼和触角……
(4) 用PPT播放雌、雄蚕蛾图片(亦可实物展示雌、雄蚕蛾标本),讨论交流如何区分雌、雄蚕蛾?

课题6:蚕的一生	
教学目标	1. 科学概念:知道蚕的生长发育需要适宜的温度、湿度、空气、食物以及生活空间;理解蚕与所有动物一样都要经历出生—生长发育—繁殖—死亡的过程;知道蚕的一生可以分为卵、幼虫、蛹、成虫4个阶段,每个阶段的身体形态、行为表现各不相同。 2. 科学探究:基于观察记录,描述蚕一生经历的生命过程;基于观察记录,用数学的方法统计蚕的不同阶段经历的时间以及蚕的一生。 3. 科学态度:真实客观地陈述自己的观察结果;愿意与人分享自己的成果,倾听并吸纳他人的观点;体会到坚持长期观察并及时做好记录对于科学研究的重要性。 4. 科学、技术、社会与环境:通过蚕的一生,感受到生命的珍贵,重视保护动物生存的环境。
教学流程:过程设计(突出主问题与关键学习活动设计,节选)	

活动2:给蚕的生长变化图片排序
1. 请小组模拟表演蚕一生的变化过程。
2. 用PPT展示学生活动,学生独立完成活动手册。
3. 抽样展示,其他同学补充。
4. 小结:和其他动物一样,蚕的一生也经历了出生、生长发育、繁殖、死亡的生命历程,请将这几张图片的序号填入对应的表格中,体会蚕的生命历程。(板书:出生、生长发育、繁殖、死亡)

出生	生长发育	繁殖	死亡

课题7:动物的繁殖	
教学目标	1. 科学概念:知道常见动物繁殖方式有两种,即卵生和胎生,昆虫、鱼类、鸟类等一般都是卵生动物,胎生动物一般都是用哺乳的方法喂养小动物;了解动物的生存依赖于植物;有些动物以植物为食,有些动物依赖植物筑巢

(续表)

繁殖后代,作为庇护场所。
2. 科学探究:能够运用查阅资料和实地调查的方法收集信息,了解动物的繁殖过程;能够运用比较的方法依据动物繁殖方式将动物分成卵生动物和胎生动物。
3. 科学态度:愿意调查动物的繁殖过程,并对不同动物的繁殖方式产生浓厚的探究兴趣;意识到通过交流调查发现,可以互通有无,分享探究乐趣。
4. 科学、技术、社会与环境:懂得亲近自然、珍爱生命是建立和谐家园、创建生命共同体的重要部分。

教学流程:过程设计(突出主问题与关键学习活动设计,节选)
活动2:探索发现 (一)认识卵生动物 1. 提问:"我们养过蚕,知道蚕是由卵孵化出来的,除了蚕,其他哪些动物也是靠卵繁殖后代的?有什么理由或证据吗?"(预设:鸡,母鸡生鸡蛋,小鸡从鸡蛋里孵化出来。) 2. 交流后适时小结:像蚕和鸡这样产卵繁殖后代的方式叫卵生,昆虫、鱼类、鸟类等动物一般是卵生动物。(板书:卵生、卵生动物) (二)认识胎生哺乳动物 1. 用PPT展示猫和狗的图片,提问:"你们是否见过猫或狗生小宝宝?它们与蚕繁殖后代的方式相同吗?请阐述你的观点,并说明理由。" 3. 提问:"我们身边常见的动物中还有哪些动物繁殖后代的方式和猫、狗相似呢?请举例说明。"(预设:猪,因为生下来直接是小猪,还需要母乳喂养;其他如马、大象、猴子等。) 4. 小结:像猫和狗这样直接生胎儿的繁殖方式叫胎生,胎生动物一般都是用哺乳的方法喂养小动物。

课题8:动物的一生		
教学目标	1. 科学概念:知道动物的一生都要经历出生、生长发育、繁殖、死亡的生命历程;知道像鸡那样,卵生、身上长有羽毛和翅膀的动物属于鸟类;像狗那样,身上长毛、胎生、吃妈妈奶汁长大(哺乳)的动物属于哺乳类动物;识别人在不同的年龄阶段身体生长变化及身体特点各不相同。 2. 科学探究:基于不同动物的一生的相关资料,归纳出鸟类及哺乳类动物一生的共同特点;基于观察所获得的信息,归纳出动物的主要特征。 3. 科学态度:对更多动物的一生产生持续的探究兴趣;乐于尝试用不同的方式了解更多动物的一生,体会探究的乐趣。 4. 科学、技术、社会与环境:感受到珍爱生命、健康生活十分重要。

(续表)

教学流程:过程设计(突出主问题与关键学习活动设计,节选)
活动3:总结动物的共同特征 1. 展示科学活动手册图片,提问:"通过这个单元的学习,大家对动物又有了许多新的认识,动物、植物是生物,我们周围还有很多建筑、汽车、玩具等非生物,生物和非生物又有哪些区别呢?" 2. 请完成活动手册。 3. 交流展示活动手册内容,适时补充小结:生物有许多共同之处,如生长,繁殖后代,会运动,都需要食物、空气和水,对外界变化做出反应等,非生物往往不具有这些特征。

资料3:《动物的一生》课时观察记录

课题1 记录:迎接蚕宝宝的到来

(活动:猜测蚕生长需要怎样的环境?)

师:同学们,我们已经知道蚕会从蚕卵里孵化出来,接着就会不断地长大,那蚕的生长需要怎么样的环境呢?你能来猜猜看吗?

生:我觉得蚕肯定要呼吸,所以需要很多的空气。

生:我觉得要给它提供食物,要不然它会饿死的,而且我还知道蚕吃的是桑叶。

生:肯定还要给蚕喂水,要不然会渴死的。

生:我也这么认为,而且我猜肯定要经常给它晒太阳,就像我们人一样。

师:那是不是像同学们猜的这样呢?这里有一份关于蚕生长的注意事项,我们一起来看一看!

(学生阅读、整理)

师:谁愿意来分享一下,你的收获和你想的一样吗?

生:我知道蚕宝宝确实要吃桑叶,而且是新鲜的桑叶。

生:蚕不能喂水,也不能放在阳光下,要不然会死的。

生:还要给蚕处理蚕沙。

生:我感觉蚕宝宝很脆弱,养的时候要很注意。

师:是的,在养蚕宝宝的时候,有许多需要注意的事情,我们一定要好好保护它。

(续表)

课题2　记录：认识其他动物的卵

(活动：猜测鸡蛋各部分结构的作用)

师：同学们，我们已经对鸡蛋进行了观察，知道鸡蛋由蛋壳、卵黄、卵白、气室、胚组成，那这些组成分别有什么用呢？怎样才能让鸡蛋最后孵出小鸡来呢？请大家小组讨论一下，说说你的想法？

(学生活动)

师：哪个小组愿意来分享一下，并说说你们的理由。

生：我们组认为中间的卵黄会变成小鸡，因为鸡也是黄色的，周围的卵白应该是提供营养，卵壳应该是保护小鸡的，气室我们不知道。

师：其他组有补充或者不同的意见吗？

生：我们觉得胚应该是小鸡的眼睛，因为它就像一个小点。

生：我们觉得气室里面应该有空气供给小鸡呼吸。

师：那大家都觉得是卵黄发育成小鸡的吗？

生：对，因为卵黄应该是最有营养的一部分，我妈妈都会让我多吃它。

师：其实在鸡蛋中，正如同学们猜的那样，卵壳是起到保护的作用，气室是帮助小鸡呼吸的，但是卵白主要是提供水分和营养，卵黄是提供胚胎发育时所需的营养，胚才是发育成小鸡的。

课题3　记录：蚕长大了

(活动：观察蚕的身体结构和生命活动)

师：同学们，我们的蚕都已经从卵里孵化出来了，你能描述一下，这一段时间来你看到的变化吗？

生：蚕刚开始出生的时候是黑色的，很小，后来慢慢长大，颜色也变成了白色。

师：最开始黑色的蚕因为长得很像蚂蚁，所以我们把它叫作蚁蚕，还有其他发现吗？

生：蚕长大后身上有很多"脚"，会吃很多桑叶，有时候又一动不动的。

师：那蚕是怎么吃桑叶的呢？为什么有时候会一动不动呢？它有哪些身体构造呢？接下来，我们就来仔细观察一下，蚕的身体长什么样？眼睛长在哪里？它是怎么运动的？靠什么呼吸？试着将你观察到的蚕画下来，猜一猜这些身体结构有什么用。

(续表)

(学生活动)

师:谁愿意来和大家分享一下呢?

生:我发现蚕头上有3个这样的小点,我觉得是它的眼睛,它还有很多脚,我数了一下有8对,身上是一环一环的,尾部有个小尖角。

师:还有补充或不同的意见吗?

生:它的脚画错了,有3对长在上面这一块,4对长在中间,1对长在尾巴这里,而且身上有很多小黑点。

师:他观察得很仔细,同学们看到了吗,其实动物的脚,我们把它叫作足,那这么多足都是用来干什么的呢?

生:我觉得中间的4对足是主要的,尾巴的那对可能没什么用。

师:其实胸足和尾足并非真正的足,蚕主要用腹足爬行,爬行时中间身体拱起来,前面身体再向前伸;那小黑点有什么用呢?

生:我猜是呼吸用的。

师:没错就是呼吸用的。同学们之前讲的头上的3个点,就是蚕的眼睛,但蚕的视力非常不好。蚕是用口进食的,利用3对胸足协助把持住桑叶以进食。

课题4 记录:蚕变了新模样

(观察蚕蛹前的指导)

师:同学们,在这段时间里,我们的蚕发生了哪些变化?

生:它结茧了。

师:它是怎么结茧的呢? 你看到了什么?

生:蚕长到很大之后,有一天开始不停地扭动它的头,吐出丝来,然后把自己包起来了。

师:那面对现在的蚕茧,你想知道些什么呢?

生:蚕茧里面是什么样子呢? 蚕宝宝是不是还活着? 蚕为什么要结茧? 蚕宝宝接下来会干什么? 蚕宝宝接下来会变成什么?

师:接下来,我们就试着打开蚕茧,观察一下里面是什么样子的。你觉得,在打开蚕茧的时候,我们要注意些什么呢?

生:老师,打开蚕茧,里面的蚕是不是会死掉?

(续表)

师:只要我们打开观察完后,能把它密封好,就不会影响它;所以我们该注意一些什么呢?
生:不能破坏它,要轻轻地。
师:那要观察一些什么呢?用什么来观察呢?
生:用放大镜观察。
生:还可以用毛笔碰一碰它。
师:是的,接下来我们就用剪刀小心地打开一两个蚕茧,然后观察一下。

课题5　记录:茧中钻出了蚕蛾

(活动:探究蛾与蛹之间的关系)
师:通过刚刚的观察,我们已经知道蚕蛾由头、胸、腹组成,3对足、2对翅膀,还有1对触角。那蚕蛾是蚕茧中的蛹变的吗?你能找找证据,说说你的想法吗?
生:我觉得是的,因为它是从茧里面爬出来的,所以应该是蛹变的。
生:我觉得不是,因为它们长得很不一样,颜色都不一样。
师:看来,我们需要去认真地找一下证据,看看他们有没有什么共同点;请同学们对比一下他们的身体结构,并观察变成蛾的整个视频过程,看看有没有什么发现。

(学生寻找证据)
师:说说看,你找了哪些证据来支持你的想法。
生:它们都由头、胸、腹组成。
生:我看到视频里面其实是蛹蜕下外面的一层皮,然后变成了蛾。
生:其实蛹也有翅膀,在这里,只是在蛹的时候叠在一起了。
师:是的,同学们都很会观察与找证据,其实蛾就是由蛹变的。

课题6　记录:蚕的一生

(研讨:了解生命的繁殖过程)
师:同学们,通过梳理和讨论,我们已经知道蚕的一生要经历从卵到幼虫到蛹再到成虫的阶段,在不同的阶段蚕又表现出不同的生命活动特征,比如蚕蛾在完成产卵以后就到了生命的末期也就是面临着死亡,那产出来的卵会怎样呢?

(续表)

生:又会生出蚕宝宝来。
师:接下来呢?
生:又会长大然后吐丝结茧,然后变成蚕蛾。
生:蚕蛾还会继续产卵。
师:那产下来的卵呢?
生:又会变成蚕宝宝。
师:对此,你有什么想法?
生:我觉得蚕蛾很伟大,因为它产完卵之后就死了。
生:我发现原来生命是这样不断重复的。
师:是的,生命就是这么周而复始,不断地繁衍生息,生命是伟大的;那蚕的一生有多长呢?你能算一算吗?
生:56天。
师:我们的一生有多长呢?对比起来,你有什么感觉?
生:蚕的生命很短。
师:没错,它们的生命相对于人来说很短暂,所以我们应该更加珍惜蚕、爱护蚕。

课题7 记录:动物的繁殖

(活动:探究哪些动物是卵生和胎生的)
师:同学们,刚刚我们已经结合自己的经验,按动物的繁殖方式也就是卵生、胎生对这些动物进行了分类,那我们的分类正确吗?我们先来交流一下吧!
生:我觉得鸡、孔雀、蚂蚁、蝙蝠、鲸鱼都是卵生,羊、兔、鳄鱼、狗都是胎生。
师:有不同意见吗?
生:蝙蝠不是,我之前读到过它是哺乳动物,是直接生小动物的。
生:我觉得蝙蝠是卵生的,它应该是鸟,因为它会飞。
师:看来,我们对蝙蝠有疑问,那其他的呢?大家都同意吗?
生:鳄鱼应该是卵生的,有鳄鱼蛋的。
生:鲸鱼应该是哺乳的,虽然它在水里游。

(续表)

师:看来我们还是有很多疑问,那接下来我们就来继续研究一下吧;这里是有关动物繁殖的一些资料和视频,同学们可以看一看,然后找一找证据,看看到底哪些是胎生的,哪些是卵生的。

课题8 记录:动物的一生

(活动:了解不同动物的一生)

师:同学们,我们已经知道蚕的一生会经历卵—幼虫—蛹—成虫这四个阶段,那其他动物呢?它们的一生会发生怎样的变化呢?你能列举一个动物来说说看吗?

生:鸡,它是从卵里面出来的,然后不断地长大。

师:那在长大的过程中经历了哪些阶段呢?我们一起来看看吧!

师:你看到了什么?

生:刚生出来的小鸡湿湿的,后来羽毛越来越多。

师:我们可以将其划分为卵(蛋)—幼年(雏鸡)—成年(成鸡)。

生:那其他动物呢? 和鸡一样吗? 我们再来寻找一些资料看看吧!

(学生活动)

师:谁愿意来分享一下你的发现呢?

生:我发现孔雀和鸡很像,也是这样的。

生:鸭也是,天鹅也是。

生:狗不一样,它不是从卵开始的。

师:那它后面是怎么变的呢?

生:也是会长大。

师:那狗和鸡有什么共同点吗?

生:都会不断长大。

师:还有吗?

生:会生宝宝,到最后会死。

师:是的,像鸡这一类从卵里出来的动物,我们把它叫作卵生动物;像狗这一类直接生小动物的叫胎生动物;但它们也有共同的特点,就是都会经历出生—生长发育—繁殖—死亡的过程。

资料4:《动物的一生》访谈记录

优秀生 A

研究者:你觉得这个单元的学习主题是什么?

学生 A:蚕的一生要经过哪些过程? 蚕的生命经历卵→幼虫→茧→蛹→蚕蛾→卵这样的循环往复。

研究者:在整个单元的学习过程中,你是否感觉到有个明确问题或主题引导你去探究?

学生 A:蚕的外表变化。

研究者:在探究过程的大部分时间,你和同学一起开展探究了吗?

学生 A:有,研究了蚕有几对足,蚕除了食用桑叶外还能吃什么。

研究者:在探究过程中,你是否对每次新课都充满期待?

学生 A:是的,期待新课老师还会让我们了解蚕的哪些知识。

研究者:你能否举例说说本单元中让你觉得特别有意思的一件事,并说说为什么?

学生 A:蚕吃桑叶很值得观察,可用放大镜去观察蚕如何吃,用耳朵听蚕吃的时候有无声音。

研究者:课堂上,有哪些学习过程让你觉得很兴奋/惊奇?

学生 A:蚕破茧而出时(兴奋)。

研究者:在学习过程中,你是否遇到过一些学习困难,但通过努力,这些困难帮你更好地理解了单元知识?

学生 A:有些蚕卵难以孵化。

研究者:这段时间你遇到过与动物的一生有关的事情吗? 对此你是怎么想或怎么做的?

学生 A:在确保成绩的基础上,这段时间我应用"动物的一生"的知识解释大象为什么会死。

中等生 B

研究者:你觉得这个单元的学习主题是什么?

学生 B:学习动物是如何生小宝宝的,动物是卵生还是胎生,观察蚕的器官和生长过程。

研究者:在整个单元的学习过程中,你是否感觉到有个明确问题或主题引导你去探究?

(续表)

学生B:蚕是怎么变成的?
研究者:在探究过程的大部分时间,你和同学一起开展探究了吗?
学生B:有,在家养蚕,有些同学会来我家一起看看蚕发生了什么变化。
研究者:在探究过程中,你是否对每次新课都充满期待?
学生B:是的,期待蚕会发生什么变化,长成什么样子。
研究者:你能否举例说说本单元中让你觉得特别有意思的一件事,并说说为什么?
学生B:剪开蚕蛹,看看里面发生了什么变化,蚕变成什么样子。
研究者:课堂上,有哪些学习过程让你觉得很兴奋/惊奇?
学生B:迎接蚕宝宝的到来(兴奋),蚕从卵里出生的过程(惊奇)。
研究者:在学习过程中,你是否遇到过一些学习困难?但通过努力,这些困难帮你更好地理解了单元知识?
学生B:困难是不同动物的卵会分不清,学习后能帮助我更清楚地知道哪些动物是胎生,哪些动物卵生。
研究者:这段时间你遇到过与动物的一生有关的事情吗? 对此你是怎么想或怎么做的?
学生B:在电视上看到小老虎的出生过程,很有趣,我不由地想起蚕宝宝相关的知识。
学困生C
研究者:你觉得这个单元的学习主题是什么?
学生C:养蚕、蚕的一生、蚕的变化。
研究者:在整个单元的学习过程中,你是否感觉到有个明确问题或主题引导你去探究?
学生C:蚕的一生会有什么变化呢?
研究者:在探究过程的大部分时间,你和同学一起开展探究了吗?
学生C:基本没有。
研究者:在探究过程中,你是否对每次新课都充满期待?
学生C:有的。
研究者:你能否举例说说本单元中让你觉得特别有意思的一件事,并说说为什么?
学生C:蚕蛾钻出蚕茧的过程很有意思。

(续表)

研究者:课堂上,有哪些学习过程让你觉得很兴奋/惊奇?
学生C:剪开蚕茧的过程。
研究者:学习过程中,你是否遇到过一些学习困难,但通过努力,这些困难帮你更好地理解了单元知识?
学生C:想知道蚕蛾是通过什么方法钻出茧的,但是没有去查资料或者问老师。
研究者:这段时间你遇到过与动物的一生有关的事情吗? 对此你是怎么想或怎么做的?
学生C:动物的一生很好玩,我很喜欢。

后　记

课程从来不是固定的，僵化的意识形态和操作遮盖了课程丰富的内涵。课程不是名词，而是动词，充满灵性与诗意。然而课程诗学毕竟是课程领域的新事业，对它的理解与实践才刚刚开始，还远未成熟。为了更好地推进课程诗学，此处将对全书进行回顾与反思，进而提出研究展望与未来期许。

一、回顾与反思

本书写作源于两位作者对当前课程实施情况的不满，试图改变那种僵化而缺乏生命的课程形态，展示出课程丰富的内涵，让课程焕发勃勃生机。为此，本书从诗学角度来探讨课程，指出课程天然地具有故事特性，诗性是课程的固有维度，进而提出课程诗学的命名。诗学包含了传统美学的普遍愉悦感，但又超越了传统美学，课程诗学是诗学（包括现代美学）在课程领域的运用。之所以借用课程诗学，主要原因在于"诗"让人觉得更为纯粹、彻底而开放。我国作为诗的国度，课程诗学的提倡更能引人神往。

课程诗学吸收多种理论为基础，不限于某种特定理论，因此在表现形态上也是多样的。它不仅可以表现为普遍愉悦感，也可以表现为某种丑陋、厌恶或碎片化感受。考虑到中小学的教育诉求、中小学教师的专业能力与实际工作，本书主要从美感经验着手,并以此为线索组织内容。针对美感经验有着不同界定,本书主要借鉴杜威的美感经验概念,认为所谓美感经验具有三重意义:做与受的经验、完满而独特的经验、审美性处于支配地位的经验。这样的美感经验具有重要的课程价值,对于学生的发展具有重大意义。那么,如何落实美感经验?为回答这个问题,本书梳理了相关文献,提出基于观念的教学的框架与技术,进而为美感经验的评鉴提供了相关实施策略。然而课程诗学真正开展起来,需要诸多条件,其中以学校和教师为最,需要他们采取行动。

综上可见,本书从课程形态角度来探讨如何发展课程诗学,指出其实质是诗学或美学在课程领域的应用。实际上,关于课程诗学还有诸多方面需要深入探讨,有些方面甚至还未曾涉及。这至少包括:(1)开辟新的章节来探讨那些有异于美感经验的其他审美行动或感受;(2)关于美感经验自身构成的探讨,尤其是收集更多数据来研讨要素之间的关系;(3)拓宽课程诗学的理论基础,尤其是有关现代美学部分的论述;(4)开辟新的航线来探讨课程诗学的方法论维度,即从方法论角度探讨课程诗学与其他教育教学元素之间的关系,如在学习某学科概念时学生美感经验与其既有概念改变之间的关系。凡此种种,还需要进行切实的研究。

二、展望与期许

为推进课程诗学,我们计划在未来针对下述五个方面展开研究。

一是吸取多种思想以深化课程诗学的理论基础。课程诗学的理论基础不局限于某种特定思想,现象学、解释学、社会学,以及一些理性主义学说都可以成为其重要的思想来源。

例如,哈格森曾以河流为隐喻,区分课程研究的四种典范,提出拓展课程研究的诗性智慧(mytho-poetic)[①]:(1)理性/技术范式,即研究者在河边观察、测量与描述河流的客观现象;(2)神话/实际典范,即研究者坐在船上衡量河流的深浅与流向变化;(3)演进/转化范式,即研究者投入河流,与河流融为一体地感受河流的流速、运动与前进方向;(4)批判/规范范式,即研究者离开河流,批判性地反思研究,寻求解放性的理解。

二是研究碎片化审美行动或感受。本书主要以杜威的美感经验来展开叙述,事实上,课程诗学的指向不止于杜威的美感经验,可从其他理论资源中汲取营养。美感也并不只来自课堂,一些瞬间的经验也有可能产生美感。例如,当泰山日出时,那万丈光芒瞬间打动了我们,让我们深深沉浸其中,甚至感受到某种崇高感。

三是深入挖掘美感经验内部之要素。美感经验有其构成要素,各个要素之间有着一定关系,需要探讨它们之间具体是如何相互影响的。就此,可以借鉴一些模型,如应用皮尤的主动应用、知觉扩展、学科认同来探讨美感经验的内部构成。这也有利于为进一步的实证量化研究提供基础。

四是开展更为实证的量化研究。课程诗学不仅可作为一种课程形态,也可作为研究课程的一个视角。我们完全可以美感经验为抓手,探讨其与教育教学各因素之间的关系,从而为教育教学提供富有解释力的建议。例如,我们可研究学生美感经验与学生对某一概念理解之间的关系,或者研究学生美感经验与教师教学方法之间的关系。可以说,这是一个有

---

① HAGGERSON N L. Expanding curriculum research and understanding: a mytho-poetic perspective[M]. New York: Peter Lang, 2000.

待被拓展的研究领域。

五是进入教育现场开展研究。课程诗学服务于一线课程教学,需要获得广大教师的关注并加以实践。高校与中小学合作是推动课程诗学在课堂实现的重要路径。因此,研究者需要积极投身于课堂,结合现场需要与教师一起努力研制案例,开展务实有效的行动。

课程建设是学校发展的重要内容,不同的视角决定了不同的发展路向与运作方式,并对学生产生深远的影响。教育发展至今,人们普遍地认识到教育不仅需要理性,也需要感性,不仅需要逻辑,也需要诗意、故事、想象力、精神与创造……学校应自觉地采取行动,弱化应试与灌输,消除题海战术,把学生的全面健康的发展作为教育教学的核心,这才是富有意义的教育。而此时课程诗学在其中扮演着重要角色,能够让每个教室都熠熠生辉。我们期待越来越多的学校与教师意识到要培育学生什么,体认到教育的丰富和璀璨。课程诗学,一个迷人的王国,带着人的无比尊贵,给予教育炫目光芒。